Ullstein

ÜBER DAS BUCH:

»Verjüngt den Stadtrat«, stand 1945 auf den acht Plakaten, die aus Tüten zusammengebastelt und an Ruinen geklebt wurden »Wählt Hildegard Brücher«. So wurde sie Stadträtin und FDP-Politikerin der ersten Stunde. Mutig und konsequent setzte sich Dr. rer. nat. Hildegard Hamm-Brücher (geboren 1921) vor allem für die Bildungsreform und für Gleichberechtigung von Frauen und Männern ein. Sie bezog offen Position gegen das Mißtrauensvotum gegen Bundeskanzler Helmut Schmidts, und auch im Ruhestand äußert sie sich provokant zu Fragen der deutschen Einheit.

Die Bücher dieser Serie beleuchten den Lebensweg bedeutender Persönlichkeiten und werden zur bewegenden Zeitgeschichte unseres Jahrhunderts: Kaiserzeit und Erster Weltkrieg, Revolution und Weimarer Republik, Drittes Reich und Zweiter Weltkrieg, Holocaust und Zusammenbruch, Nachkriegszeit, Mauerbau und Wiedervereinigung. Ergänzt wird die Zusammenschau von Biographie und Zeitgeschehen durch Fragen zum Werk, zur Lebenseinstellung und zur Zukunftserwartung. Es entstehen ebenso tragische wie komische Bilder des Lebens, sie lassen den Zeitzeugen Raum für subjektive, emotionale und analytische Betrachtungen. Dokumentiert werden dadurch Errungenschaften in Kultur, Politik, Technik und Wissenschaft genauso wie Chaos und Katastrophen von nie dagewesenem Ausmaß. Daneben entfalten sich die Lebensläufe von Menschen, die für die facettenreiche Vielfalt dieses Jahrhunderts stehen.

Zeugen des Jahrhunderts

Hildegard Hamm-Brücher

Im Gespräch mit Carola Wedel

Herausgegeben von
Wolfgang Homering

Ullstein

Ullstein Buchverlage GmbH & Co. KG,
Berlin
Taschenbuchnummer: 33251

Originalausgabe
Oktober 1999

Konzeption und Realisation:
Olaf Benzinger, Verlagsbüro Lektyre, Germering
Redaktion: Martina Georg

Umschlaggestaltung: Vera Bauer
Foto: Ullstein Bilderdienst
Lizenz durch: ZDF Enterprises

Printed in Germany 1999
Druck und Verarbeitung: Clausen & Bosse, Leck

ISBN 3 548 33251 X

Gedruckt auf alterungsbeständigem
Papier mit chlorfrei gebleichtem Zellstoff

Die Deutsche Bibliothek - CIP-Einheitsaufnahme

Hamm-Brücher, Hildegard:
Hildegard Hamm-Brücher : im Gespräch mit Carola Wedel. - Orig.-
Ausg. - Berlin : Ullstein, 1999
(Ullstein-Buch ; 33251) (Zeugen des Jahrhunderts)
ISBN 3-548-33251-X

Inhalt

Vorwort des Herausgebers

Seit 1979 strahlt das ZDF die vom damaligen Programmdirektor Dieter Stolte eingerichtete Sendereihe *Zeugen des Jahrhunderts* aus. Durch diese Reihe wird ein Jahrhundert erfahrbar, dazu gleichzeitig das innere und äußere Bild eines Menschen, der sich erinnert. Auf diese Weise hört man von einer Vergangenheit, die sich gegenwärtig entfaltet.

Bis heute haben mehr als 250 Persönlichkeiten als »Zeugen« Rede und Antwort gestanden. Dabei meint »Zeuge« immer zweierlei: Ein Mensch bezeugt etwas Vergangenes und doch auch immer die Gegenwart: nämlich sich selbst in seinem hohen Alter. Wir lernen einen Menschen kennen, an dem die Vergangenheit sichtbar wird.

Das Interview ist kein Verhör, sondern ein Gespräch, und der Interviewer ist weder Richter noch Diskutant, sondern regt die Erinnerungen des Zeugen an, bleibt behutsam als Fragender im Hintergrund. Die Interviewer sind fernseherfahrene ZDF-Mitarbeiter, aber auch freie Journalisten von namhaften Tageszeitungen und Magazinen.

Zeugen des Jahrhunderts zeichnet sich durch einen in der Fernsehlandschaft vielleicht einzigartigen Rhythmus aus. Wo normalerweise das Tempo gesteigert wird, Schnitte sich überschlagen und Abwechslung in Permanenz zur Vorgabe wird, wagt die Sendung ein Risiko: Ein Gesicht und eine Stimme dominieren für eine Stunde den Bildschirm.

Die Auswahl der Zeugen orientiert sich nicht an tagesaktuellen Ereignissen. Der unmittelbare Publikumserfolg kann nicht alleiniger Maßstab sein. Als Zeugen erscheinen Persönlichkeiten, die einzigartig und zugleich aber auch beispielhaft sind. Wie immer sie sich zu ihrem Jahrhundert verhalten haben, sei es in reflektierender Begleitung, sei es in eingreifender Tätigkeit, duldend oder aktiv, still oder öffentlich – entscheidend ist, daß in ihnen das Jahrhundert aufscheint und sie für gesellschaftliche Bereiche wie Technik, Naturwissenschaft, Literatur, Kunst, Musik, Bildung oder Politik Wichtiges geleistet haben. Und nicht zuletzt: daß sie ihrem Wissen Ausdruck zu leihen vermögen.

Im Gegensatz zu anderen Sendungen wird das Gespräch mit dem Zeugen in dessen vertrauter Umgebung aufgezeichnet und nicht im Studio. Die einstündige Sendung, die im Fernsehen gesendet wird, ist meist aus umfangreicherem Material geschnitten, das manchmal mehrere Stunden umfaßt. Die Zusammenstellung der Sendung steht in der Verantwortung des Interviewers, der sich für eine besondere Perspektive entscheidet – sei es, daß er ein Thema hervorhebt, das den Zeugen sein Leben lang beschäftigt hat, sei es, daß er den Schwerpunkt auf eine bestimmte Epoche legt, ohne jedoch den Durchgang durch das Jahrhundert und die Gesamtbiographie des Zeugen zu vernachlässigen.

Um den Zugriff auf diese Gesprächsaufzeichnungen zu erleichtern, werden die Manuskripte seit einigen Jahren dokumentarisch aufgearbeitet. Durch eine differenzierte Archivierung ist es leicht möglich, Aussagen und Kommentare der Zeugen zu einer gewünschten Epoche, zu einem wichtigen Thema oder zu einem Ereignis herauszufiltern. Dies führt zu einer vermehrten Nutzung des aufgezeichneten Materials.

Für die vorliegende Buchreihe galt es, den authentischen Originalton der Zeugen zu erhalten und gleichzeitig den Lesegewohnheiten eines heutigen Buchlesers zu entsprechen. Olaf Benzinger hat hierzu ein Konzept und Layout entworfen, nach dem das Gespräch als Monolog des Zeugen wiedergegeben wird, in den als Marginalien die Fragen eingearbeitet sind. Diese fließende Textgestaltung erleichtert das Lesen. Zu einigen wichtigen Sachbegriffen, die im Gespräch fallen, gibt es zur Erläuterung Hintergrundinformationen, ebenfalls eingestreut sind biographische Daten des Zeugen. Die Gesamtkoordination der Buchreihe *Zeugen des Jahrhunderts* im Ullstein-Verlag liegt bei Olaf Benzinger und seinem Verlagsbüro *Lektyre*, die einzelnen Bände werden redaktionell bearbeitet von Martina Georg.

Zu diesem Buch:
Carola Wedel, 1953 in Lörrach in Baden geboren, studierte nach dem Abitur Germanistik, Geschichte und Kunstgeschichte in Erlangen und Berlin. Anschließend absolvierte sie Regieassistenzen bei Theater und Film, unter anderem bei Peter Zadek, Rudolf Noelte, Peter Stein und Daniel Christoff. Seit 1975 war sie freiberuflich tätig, seit 1978 auch als Hörfunkautorin bei SFB, WDR und SDR. 1990 kam sie als Redakteurin zum ZDF, zunächst als Moderatorin der Sendung *Aspekte*. Seit 1994 ist sie die Kulturkorrespondentin des ZDF in Berlin.

Hildegard Hamm-Brücher hat – vor allem nach ihrem Ausscheiden aus der aktiven Politik – für ihr Wirken große Zustimmung erfahren. Diese sind von einem tiefen Respekt vor ihrer Geradlinigkeit geprägt. Die politische Moral zu stärken, ist ihr ein wichtiges Anliegen; ihre Mahnungen verbindet sie zwar stets mit Charme, die Nachdrücklichkeit ihrer Anfragen wird dadurch aber nicht gemildert. Immer hat sie für die Gewissensfreiheit der Abgeordneten gestritten, hat Demokratiedefizite benannt – etwa die ungenügenden Kontrollmöglichkeiten des Parlaments oder auch die schwache Stellung von Abgeordneten in der Fraktion. Als sie 1994 zur Wahl des Bundespräsidenten antrat und chancenlos war, kommentierte sie dies mit dem heiter melancholischen Satz: »Ich hatte keine Chance, aber ich habe sie genutzt.« Die Demokratie verlangt auch um der echten Wahlmöglichkeiten wegen eine wenn auch wenig aussichtsreiche Kandidatur. Das hat ihr vor allem in der Bevölkerung ungemeinen Zuspruch eingebracht. Robert Leicht schreibt 1996 in der *Zeit*: »Gegner, ja regelrechte Feinde hatte Hildegard Hamm-Brücher in ihrem politischen Leben sicherlich viele. Hatte sie aber ebenso viele, hatte sie wirklich viele Freunde? Und wäre es falsch zu vermuten, daß ihre Freunde nicht unbedingt in der eigenen Partei anzutreffen waren?«

Wo immer Frau Hamm-Brücher heute einen ihrer zahlreichen öffentlichen Auftritte absolviert, weiterhin für die Gleichberechtigung der Frauen kämpft und Transparenz für politisches Handeln einfordert, schlägt ihr tiefe Sympathie und Zuneigung entgegen, weil sie für Menschen aller Schichten zu einem Garant für Aufrichtigkeit und Geradlinigkeit wurde.

Das Gespräch wurde geführt am 10. und 11. Dezember 1991. Der Inhalt des Gesprächs wurde aus Gründen der Authentizität und des damals aktuellen Zeitbezuges nicht im nachhinein verändert.

»Tun, was mir wichtig ist«

Nach 42 Jahren Parlamentsarbeit liegt jetzt mein Ruhestand vor mir, und ich kann sagen, daß es kein Ruhestand ist im Sinne des Rentnerdaseins mit Schrebergarten und Haustieren, aber doch nach und nach ein gewisser Abstand, der für mich eine ganz neue Erfahrung ist. Es ist schön, wenn es auch noch ein wenig zu viel ist, was ich in meinem Erstruhestandsjahr hinter mich gebracht habe. Ich hatte mir vorgenommen, nur noch das zu tun, was mir wirklich wichtig ist und was mir Spaß macht. Und dies beides zusammen scheint doch zu viel zu sein. Das für mich Wichtige und das, was mir Spaß macht, ist immer noch und immer wieder mit politischem Engagement verbunden, mit dem Einsatz für Demokratie, der Begegnung mit Menschen. Das betrifft jetzt aktuell das Zusammenwachsen der beiden Deutschlands.

In diesem Jahr war ich überall im anderen Teil Deutschlands unterwegs, in Görlitz, in Potsdam, in Dresden, habe Vorträge gehalten und bin allen möglichen Anfragen und Bitten nachgekommen. Im Zentrum standen immer Begegnungen mit den Menschen in den neuen Bundesländern, die uns doch sehr fremd geworden sind. Dieses Fremdsein zu überwinden, sich offener und weniger selbstgerecht zu begegnen, das wird auch auf die Dauer eine Sache sein, die wir Westdeutschen nicht versäumen dürfen. Ich habe einen festen Glauben an diese Chance, aber auch eine Skepsis, ob wir sie wahrnehmen – ob dieses Zusammenwachsen wirklich bedeutet, daß etwas Neues entsteht. Politiker lassen sich viel zu wenig Zeit, um das Fremdsein durchzuhalten und es nicht mit einem Satz, in einer Art »Übernahmepolitik«, sondern in vielen kleinen Schritten zu überwinden.

Die Chance, daß Ost und West zusammenwachsen

Ich möchte gar nicht sagen, daß mir das gelungen ist, aber ich bin wohl eine der ganz wenigen Politiker, zusammen mit Richard von Weizsäcker und Erhard Eppler, die durch unsere jahrelange Kirchentagsarbeit im Präsidium des Deutschen Evangelischen Kirchentages regelmäßig in der DDR waren und in den 80er Jahren bei allen regionalen Kirchentagen. Da haben wir die – und damals sagte man das ja noch aus voller Überzeugung – Schwestern und Brüder kennengelernt, die mit aufrechtem Gang versucht haben, im Sozialismus, wie man das nannte, zu leben. Durch dieses Wissen und Kennen ist dann der Kontakt seit der Vereinigung sehr viel leichter gewesen als bei anderen Westdeutschen – diesen »Wessis«, die da einfach lostrampeln und den »Ossis« gutmütig auf die Schulter schlagen, nach dem Motto: So, jetzt werden wir euch mal zeigen, wie schön das ist im Kapitalismus, und wie schön es ist, wenn man sich soviel leisten kann. Damit ist es eben nicht getan.

Ich habe erlebt, daß die Menschen sich zunächst einmal sehr gespannt anhören, was man zu berichten hat. Und zwar aus der eigenen, der westdeutschen Geschichte. Sie wissen überhaupt nicht, wie sich die Bundesrepublik entwickelt hat in diesen 40 Jahren. Und dann gibt es diese frappanten Parallelen, nach denen vor allem junge Menschen fragen: »Wie ist das mit eurer Demokratie gegangen? Wie seid ihr mit den Nazis fertig geworden? Wie habt ihr die Wiedergutmachung an den Opfern des Nationalsozialismus betrieben?«

»Wider die Selbstgerechtigkeit«

Aus dieser mich sehr erfreuenden Neugierde heraus habe ich dieses kleine Buch geschrieben *Wider die Selbstgerechtigkeit*: die Geschichte und auch unmittelbare Vorgeschichte der Bundesrepublik, wie ich sie seit 1946 ja nicht nur miterlebt, sondern auch mitgestaltet, mitverantwortet und begleitet habe. Ich habe es aus meiner Sicht einfach erzählt und »Sein und Schein der Westdeutschen« – so der Untertitel – dargestellt. Ich war selber erstaunt, daß es ein vergleichsweise kritisches Buch geworden ist. Mit dem Fazit, daß unsere Demokratie zwar in ihrer äußeren Funktionsfähigkeit gut gelungen ist, aber daß sie doch eine Menge Defizite, Fehlentwicklungen, Versäumnisse aufzuweisen hat, die man nicht unter den Vereinigungsteppich kehren sollte. Wir müssen ehrlich aufeinander zugehen, und das heißt eben auch, diese Dinge auszusprechen. Unsere Chance liegt darin, daß wir auf beiden Seiten einen neuen Anfang versuchen.

Auch wenn ich fürchte, hier ein wenig einer Illusion nachzuhängen: vor allem müssen wir lernen, diesen Prozeß des Zusammenwachsens mit sehr viel mehr Geduld und auch mit Verständnis weiterzuführen. Wir haben ja »nur« zwölf Jahre nationalsozialistische Diktatur hinter uns gebracht, aber über 40 Jahre anschließende SED-Diktatur verändert den Menschen tiefgehend – ungeachtet der Versuche, einigermaßen unbeschädigt davonzukommen.

Weichenstellungen in der Jugendzeit

Wenn ich in Gedanken zurückgehe, nämlich zu dieser Zeit etwa um 1948 herum, als mein politisches Leben sozusagen begonnen hat, sehe ich diese Parallele zu heute sehr deutlich, was demokratische Gehversuche betrifft, wobei ich noch gar nicht davon spreche, was damals versäumt wurde, was nicht aufgearbeitet wurde.

Währungsreform

Am 21. Juni 1948 wurde durch Erlaß der westlichen Militärregierungen in den drei Westzonen die Reichsmark-Währung umgestellt auf die Deutsche-Mark-Währung. Grundsätzlich galt das Verhältnis 1:1 (Löhne, Gehälter, Mieten, Renten und Pensionen), es gab jedoch viele davon abweichende Sonderbestimmungen. Am Stichtag erhielten Privatpersonen im Umtausch gegen Altgeld ein »Kopfgeld« von 40 DM, zu dem nochmals 20 DM hinzukamen. In der sowjetisch besetzten Zone, in der bereits seit 1945 eine Reform des Bank- und Geldwesens stattfand, erfolgte die Währungsreform zwei Tage später. Spannungen und unterschiedliche Zielvorstellungen zwischen den Westmächten und der UdSSR ließen eine Währungsreform für ganz Deutschland nicht zustande kommen, was bereits einen Schritt in Richtung der Teilung Deutschlands markierte.

Beginn des Umtausches der alten Reichsmarkscheine gegen die neue Deutsche Mark: Kunden in einer Hamburger Umtauschstelle, 21.6.1948.

Im Jahr 1948, noch vor der Währungsreform, habe ich meinen ersten Wahlkampf geführt. Soweit man diesen Versuch damals, demokratische Wahlen vorzubereiten, überhaupt so bezeichnen kann. Denn es gab ja gar nichts, es gab kein Papier für Werbung, es gab keine Plakate, es gab keine Räume, die ein bißchen heizbar waren, wo man eine Diskussion oder eine Versammlung hätte machen können – alles das gab es nicht.

Wir waren ein ganz kleiner Kreis von jungen Leuten, ich war die einzige Frau, und wir haben erst einmal überlegt, was man denn überhaupt machen kann. Einer hat dann ein paar alte Papiertüten organisiert – Papier, das kann man sich heute gar nicht vorstellen: mit langen Holzspreißeln drin, ganz grob und ganz braun. Das haben wir auseinandergeschnitten und mit selbstgekochtem Leim zu Plakaten zusammengeklebt.

Mein erster Wahlkampf 1948

Ein anderer hatte einen Wasserfarbkasten gehabt und hat meinen damaligen Wuschelkopf auf diese zusammengeklebten Papiere gemalt und dadrunter gepinselt: »Verjüngt den Stadtrat, wählt Hildegard Brücher«. Mit Müh und Not haben wir auf diese Weise ungefähr acht solcher »Wahlplakate« gebastelt, die wir dann nachts auf die Ruinenwände in Schwabing geklebt haben. Ich habe damals als Journalistin gearbeitet und mein Name war nicht so ganz unbekannt – auf jeden Fall hat das einen solchen Effekt gehabt, daß ich bei den Wahlen im Mai 1948 vom Listenplatz 7 nach vorne auf Platz 2 gewählt wurde. So war ich tatsächlich eine Stadträtin geworden, mit dieser Parole auf zusammengeklebten Tüten an sechs oder acht Häuserwänden.

Ich bin dann in einer frisch-fröhlichen Art eingetaucht in die damaligen schrecklichen Verhältnisse in München und habe die Ärmel hochgekrempelt, würde man heute sagen. Angefangen vom notdürftigen Herrichten vergammelter Schulräume über die Verteilung von Bezugsscheinen für Schuhe – manchmal kamen vielleicht zweihundert Bezugsscheine auf zwanzigtausend Anträge – bis zur Organisation von

Haltepunkten der »Kartoffelzüge« in München. Nach der Währungsreform wurde es dann besser, zwar nicht so schnell, wie wir das heute

Entscheidung zur Politik

»Ich bin eine Frau aus sogenannter gutbürgerlicher Familie, die [...] in der Nazizeit herangewachsen und in der Kriegszeit erwachsen geworden ist und gleich nach der totalen Katastrophe der braunen Männerherrschaft fest entschlossen war, dazu beizutragen, daß sich ›so etwas‹ niemals in Deutschland wiederholen würde. Nie wieder – und auch nicht in ersten Spuren von neuen Anfängen.«

Hildegard Hamm-Brücher wurde am 11. Mai 1921 in Essen geboren. Von 1927 bis 1940 Schulbesuch in Berlin, Dresden, Schloß Salem und Konstanz. Anschließend Studium der Organischen Chemie in München mit Promotion 1945 zum Dr. rer. nat. bei Nobelpreisträger Professor Heinrich Wieland. Unmittelbar nach Kriegsende setzte sie ihren »ersten emanzipatorischen Entschluß«, nämlich sich politisch engagieren zu wollen, in die Tat um: zunächst als wissenschaftliche Redakteurin der Münchner *Neuen Zeitung*, hauptsächlich beschäftigt mit Bildungs-, Jugend- und Frauenfragen. 1948, auf der Suche nach einer politischen Heimat, Beitritt zur FDP und der »zweite, weit folgenreichere emanzipatorische Entschluß«, auf der Stadtratsliste der FDP zu kandidieren. Stadträtin in München von 1948 bis 1956. (Quelle: *Wider die Selbstgerechtigkeit. Nachdenken über Sein und Schein der Westdeutschen*, München 1991) manchmal erzählen, aber es wurde ... Das waren die Anfänge meines politischen Schaffens 1948. Ich gehörte zu den ohnehin sehr wenigen Stadträtinnen und war zudem die bislang jüngste.

Meine so frühe Entscheidung – ich war damals knapp 24 – für die Politik als Beruf war, was meine Herkunft und familiäre Prägung betrifft, eine radikale Entscheidung, die herrührt aus der Erfahrung meiner Jugend- und Studienzeit. Die Basis für die Motivation, mich zu engagieren und grundsätzlich Verantwortung zu tragen, und die Kraft hierfür, die ich ein ganzes Leben lang daraus beziehen konnte – das sind noch frühere Prägungen und Einflüsse. Das ist, glaube ich, bei jedem Menschen so, daß Kindheit und familiäres Umfeld einen nachhaltigen und durch das ganze Leben weiterwirkenden Einfluß haben.

Verlust des Elternhauses

Wir waren eine ungewöhnlich harmonische, fröhliche Familie, fünf Kinder, und lebten in nicht üppigen, aber doch guten Lebensverhältnissen, bis sehr frühzeitig und sehr plötzlich mein Vater an einer verkorksten Blinddarmentzündung starb. Das war 1931, und elf Monate später auf den Tag starb meine Mutter, offenbar an einem Gehirntumor, das konnte man damals nicht genau feststellen. Auf einmal waren die ganze Fröhlichkeit und Geborgenheit vorbei. Wir jüngeren vier Geschwister kamen zur Großmutter nach Dresden, die mit ungeheurer Liebe und Intensität als dann bald siebzigjährige Frau versucht hat, uns das verlorene Elternhaus zu ersetzen. Ich habe wirklich unendlich an

Ernst, Mechthild, Mutter Lilly, Wolfgang und Hildegard Brücher, Sommer 1932.

ihr gehangen und habe immer ein bißchen die Mission verspürt, daß ich selbst für meine Geschwister eben auch so ein kleines Stück Geborgenheit vermitteln müßte. Ich denke, daß auch diese Erfahrung des Selbständigwerdens, keinen Rückhalt mehr bei Mutter und Vater zu haben, ja, das Leid sehr dazu beigetragen hat, daß ich später diesen Weg gegangen bin, daß ich so geworden bin, wie ich eben heute bin.

Wir kamen dann in die Internatsschule Schloß Salem und konnten in den Ferien nach Dresden zum Ömchen, wie wir sie nannten. Sie hat großen Anteil daran genommen, daß wir dort so glücklich waren und doch noch ein Stück vergnügte Kindheit oder Jugendzeit erlebt haben. 1943, da studierte ich schon in München, hat meine Großmutter den Gestellungsbefehl zum Transport nach Theresienstadt bekommen. Sie hat sich und auch uns wohl dieses Ende ersparen wollen und hat den Freitod gewählt. Ich habe sie gar nicht mehr lebend angetroffen.

Verschüttete jüdische Familientradition

Meine Großmutter stammte aus einer jüdischen Familie, was wir als Kinder gar nicht gewußt hatten. Sie selbst waren schon getauft, und wir haben ein sehr geschlossenes, evangelisches Eltern- und Großelternhaus erfahren. Man hat uns von dieser jüdischen Familientradition nie etwas erzählt, bis zu dem Zeitpunkt als die Nürnberger Gesetze 1935 erlassen wurden, denn die betrafen uns jetzt als sogenannte »Mischlinge«. Wir Kinder haben das alles gar nicht verstanden, weshalb wir nun auf einmal minderwertig sein sollten und von vielen Dingen ausgeschlossen wurden, was für alle anderen Freundinnen und Freunde rund um uns ganz selbstverständlich war. Ich war eine hervorragende Schwimmerin und in einer Nachwuchsmannschaft – und auf einmal sollte ich da nicht mehr mitmachen dürfen. Und wenn die Klasse ins Schullandheim ging, sollten wir auf einmal nicht mehr mitgehen. Es waren so tausend kleine Schikanen, die gerade Kindern sehr weh getan haben.

Mit dem Judentum habe ich mich also nie beschäftigen können damals, weil es das in der Familie nicht gab und auch nicht in der Verwandtschaft. Es waren sehr frühzeitig assimilierte Juden, die ganz bewußt sehr national gesinnt waren und diese Vergangenheit eigentlich hinter sich gelassen hatten. Erst als wir nach 1945 angefangen haben darüber nachzudenken, was das Judentum eigentlich bedeutet, habe ich begonnen, mich sehr intensiv mit jüdischer Religion und auch Kultur zu beschäftigen, und habe auch einen Teil meines politischen Engagements in diesem Bereich abgeleistet, was sich ja als unendlich wichtig erwiesen hat. Ich bin in der ständigen Arbeitsgemeinschaft »Christen und Juden« auf den Kirchentagen aktiv gewesen, ich habe in den Gesellschaften für christlich-jüdische Zusammenarbeit sehr, sehr viel gearbeitet. Ich war viel in Israel und habe in der deutsch-israelischen Parlamentariergesellschaft mitgewirkt. Und je mehr ich das getan habe, um so faszinierter war – und bin – ich davon, aber auch um so betroffener, welch ein Verlust für unsere Kultur die Vernichtung des europäischen Judentums bedeutet. Wenn man in Prag oder andernorts auf dem Jüdischen Friedhof ist und sich diesen kulturellen Beitrag des Judentums richtig vor Augen führen kann, dann kann man jedes Mal wieder verzweifeln. Nicht nur verzweifeln, Wut und Zorn können einen überkommen.

Im Umkreis des studentischen Widerstands in München

Zurück ins Jahr 1940, als ich nach München kam, um hier zu studieren. Dies war im Grunde ein großer Zufall, denn ich wußte nach dem Abitur eigentlich nicht genau, was ich werden wollte. Mein erster Kinderwunsch war Karussellfrau. Ich fand es so faszinierend, umsonst Karussell fahren zu können, das hatte etwas mit Bewegung und Abgehobensein zu tun. Dann wollte ich Schriftstellerin werden, und dann begann ich mich sehr für Geschichte zu interessieren, was bis heute eines meiner Hobbys ist. Nach dem Abitur fand ich mich als »Mischling« erst einmal im Arbeitsdienst wieder. Und eines Tages, da war gerade der Krieg ausgebrochen, sagte die Führerin beim morgendlichen Flaggenhissen, wer von den Abiturienten Medizin oder Chemie studieren wolle, der oder die solle mal vortreten. Ich wußte gar nicht, worum es ging, aber ich trat mal vorsichtshalber vor. Und 48 Stunden später war ich entlassen, in die Freiheit entlassen, und konnte mich in München einschreiben.

Das hat die große Wende gebracht, denn das Chemiestudium, das ich mir nicht im Traum zugetraut hätte, hat mir dann sehr, sehr viel Spaß gemacht, und ganz gut gemacht habe ich meine Sache als Chemikerin auch. Großes Glück hatte ich mit meinem Doktorvater Wieland, dem Nobelpreisträger für Organische Chemie. Der mochte eigentlich Frauen sehr gern, nur nicht als Chemikerinnen. Er hat nur zweimal in seinem ganz langen Wissenschaftlerleben eine Frau als Doktorandin genommen, und die eine davon war ich. Die andere war die später sehr bekannte Professorin hier in München, Frau Elisabeth Dahne.

Ich habe als Studentin während des Krieges in München erkannt und sehr bewußt erlebt, welch eine grauenhafte Diktatur da am Werke war und wie wir Deutschen uns in dieser Diktatur alle mitschuldig gemacht haben. Ich gehörte einem ganz kleinen Kreis von Studenten an; wir waren das, was man damals die bekennenden Christen nannte.

Unsere Gruppe kam wiederum in Verbindung mit einer anderen Gruppe von Studentinnen und Studenten, die man heute die Weiße Rose nennt, also die Widerstandsbewegung der Studenten in München. Wir besuchten alle eine Philosophievorlesung des Professors Kurt Huber, und man erkannte sich ja ganz schnell, man guckte sich zweimal an und jeder wußte vom anderen, wie er zu dem Naziunwesen und dem Unrechtsstaat steht. Allerdings hatte ich wie die meisten von uns keinerlei Kenntnis davon, daß diese Flugblätter verteilt wurden und wer sie gemacht hatte. Wir waren nicht näher bekannt, und ich habe auch nie daran gedacht, aktiv irgend etwas zu tun. Aus vielerlei Gründen. So bewußt hab ich mir das nicht gemacht. Irgendwie hatte ich das Urgefühl, versuch 'mal anständig zu überleben... Aber das ist eine nachträgliche Konstruktion. Jedenfalls haben dann am 18. Februar 1943, nach der Katastrophe von Stalingrad, die Studenten der Weißen Rose, genauer gesagt, Sophie und Hans Scholl, in der Münchner Universität einen ganzen Koffer voll Flugblätter herunterflattern lassen. Sie lauteten: »Kommilitonen, legt die Waffen nieder«.

Das Ende der Weißen Rose

Die Geschwister Scholl sind sofort verhaftet und innerhalb weniger Tage hingerichtet worden, und dann kamen die nächsten dran, die verhaftet und länger verhört wurden, aber auch hingerichtet wurden. Sechs Todesstrafen und elf Freiheitsstrafen wurden verhängt. Weitere Hunderte von Studenten wurden verhört, bespitzelt oder in ihrem Studium behindert. Dieses Schockerlebnis und diese Erfahrung hat bei mir einen tiefen Konflikt ausgelöst, nämlich vor die Frage gestellt zu sein: Mußt du nicht auch etwas tun? Mußt du nicht den gleichen Weg gehen?

Flugblatt der Weißen Rose aus dem Sommer 1942

»Nichts ist eines Kulturvolkes unwürdiger, als sich ohne Widerstand von einer verantwortungslosen und dunklen Trieben ergebenen Herrscherclique ›regieren‹ zu lassen. [...] Wer von uns ahnt das Ausmaß der Schmach, die über uns und unsere Kinder kommen wird, wenn einst der Schleier von unseren Augen gefallen ist und die grauenvollsten und jegliches Maß überschreitenden Verbrechen ans Tageslicht treten?«

Oder willst du versuchen zu überleben? Damals, Ende '43, zeichnete sich schon ab, daß wir den Krieg verlieren würden, und ich entschloß, mich mein Leben dafür einzusetzen, wofür diese jungen Freunde und Kommilitonen ihr Leben geopfert hatten. Das hat dann dazu geführt, daß ich nach dem 8. Mai '45, als wir befreit und erlöst waren, wie Theodeor Heuss das später formuliert hat, sofort wußte, wo mein Platz ist und wofür ich mich engagieren wollte.

Schockerlebnis mit Folgen

Daß ich auch nach '43 unbeschadet weiterstudieren konnte, das verdanke ich meinem Doktorvater Professor Heinrich Wieland, der seine schützende Hand über mich gehalten hat. Als nach der Verhaftung der Geschwister Scholl auch nach meinem Namen und meiner Tätigkeit geforscht wurde und ich durch einen puren Glücksfall mit einer schweren Lungenentzündung im Krankenhaus lag, kam ein Beamter von der Gestapo zu Wieland und hat sich nach mir erkundigt.

Die schützende Hand von Professor Heinrich Wieland

Wieland hat gesagt: »Wenn Sie mir das Fräulein Brücher wegnehmen, kann ich hier nicht mehr wissenschaftlich arbeiten, sie ist die einzige, die bei mir promovieren kann, sie ist ungewöhnlich tüchtig, sie steht hier von früh um sieben bis abends um halb sieben. Die kann überhaupt keine dummen Gedanken im Kopf haben, dazu ist sie viel zu beschäftigt und angestrengt.« Und dann hat man mich völlig in Ruhe gelassen. Das werde ich nie vergessen, meine Dankbarkeit und Hochachtung vor diesem Mann ist lebenslang.

Hildegard Brücher, 1939.

Vorbild und Verpflichtung

Meine Dankbarkeit und Verbundenheit mit Wieland, der 1957 in München starb, habe ich dann später, als ich schon im Münchner Landtag war, so um 1953 herum, auch ganz konkret ausdrücken können. Es ging um den Wiederaufbau des Chemischen Staatsinstituts an der Sophienstraße, wofür ich im Haushaltsausschuß die ersten zwei Millionen durchgesetzt habe, was damals ein enormer Betrag war. Heute könnte man noch nicht einmal das Baugerüst damit errichten. Jedenfalls sauste ich dann nach Starnberg, wo mein alter geliebter Geheimrat Wieland lebte, schwer sehbehindert, und seine

Schachspiele aus dem Jahr 1928 spielte, die er mit berühmten Naturwissenschaftlern gespielt hatte. Er hatte sich jeden Zug aufgeschrieben – Naturwissenschaftler und große Mathematiker wie er sind ja oft wunderbare Schachspieler. Er spielte, weil er nicht mehr lesen konnte, und testete sich selber, was er noch schafft. Er saß also über einem Schachspiel, und ich stürzte rein und war so glücklich und rief: »Herr Geheimrat, Herr Geheimrat, jetzt können wir das Institut wieder aufbauen!«

Er reagierte erst mal nicht, sondern machte seinen Zug fertig. Dann blinzelte er so zu mir hin und sagte: »Fräulein Brücher, ich wollte Ihnen schon immer mal sagen, daß Sie sich in der Chemie wenigstens unsterblichen Ruhm geholt hätten.« Er war ganz traurig, daß ich mit der Chemie aufgehört hatte, und ich war stolz, glücklich, daß ich jetzt auf die Weise wenigstens ein bißchen was tun konnte. Wieland hat die Anfänge des Neubaus noch erlebt, und sein Lieblingsschüler und begabtester Schüler, Rolf Hüsgen, ist sein Nachfolger geworden.

Es hat auch in den braunen Universitäten, die ja sehr nazistisch waren, solche Menschen gegeben, die sich für andere eingesetzt haben. In seinem Institut hat er sogenannte Mischlinge wie mich, also die nichtarischen jungen Leute, untergebracht, die sonst nicht hätten studieren können, ich glaube fast ein Dutzend. Ich denke, daß man viel zu wenig Erinnerung daran wachhält, daß es in dieser Zeit auch bei uns solche Menschen gegeben hat, die andere beschützt haben. Ich habe viel darüber geschrieben und veröffentlicht und Vorträge gehalten. Es gibt mittlerweile eine Heinrich-Wieland-Schule in seiner Heimatstadt Pforzheim – ganz vergessen ist er also nicht, aber man muß immer aufpassen, daß das nicht geschieht in der heutigen Zeit, die alles wegschiebt, was damals passiert ist. Im Schlechten, aber manchmal auch im Guten.

Kriegsende: »Befreit und erlöst«

Nach der Befreiung im Mai '45, im ersten Friedenssommer, der herrlich war, voller Hitze und Sonne, wohnte ich in Starnberg, wo auch Wieland lebte. Ich war dort wie ein Kind im Hause und sorgte ein bißchen für ihn. Ich machte große Hamsterfahrten und brachte einen richtigen kleinen Schwarzmarkt in Gang: Als Chemikerin konnte ich Saccharin und Seife kochen, was ich dann gegen Eier eingetauscht habe. Und aus den Eiern machte ich Eierlikör mit selbstdestilliertem Alkohol und tauschte das dann wieder um. Wir hatten in der oberbayerischen Gegend von Altötting und Mühldorf ein paar Bekannte, die uns an Bauern weiterempfahlen, deshalb klappte das in diesem bescheidenen Umfang irgendwie. Zusammen mit einer Laborantin schleppte ich die Sachen dann zu Geheimrat Wieland, der natürlich kein Gramm über seine Lebensmittelmarken lebte – es wäre ganz schlimm gewesen ohne unsere Hamsterei.

Die Amerikaner in Starnberg

Es gibt auch diese lustigen Geschichten zu erzählen aus dem Mai '45. Ich wohnte in einem winzigen Zimmer bei einer Schneidermeisterin in der Harnfelderstraße – die Straße, über die die Amerikaner nach Starnberg hineinfahren sollten. Zwei Tage vor der Befreiung nun, also Ende April, kam die Werwolfführerin von Starnberg zu uns, sie sollte für die Verteidigung von Starnberg sorgen. Uns hat sie befohlen, ständig heißes Wasser auf dem Herd zu haben und auf der Lauer zu liegen, wenn amerikanische Panzer vor unserem Häuschen anrollten und halten müßten. Da hatten sie nämlich bereits eine Panzersperre errichtet, die bestand aus drei Baumstämmen. Wir sollten also auf der Lauer liegen und das heiße Wasser von oben auf die Panzer schütten, völlig idiotisch. Jedenfalls haben wir dann weder das Wasser heiß gemacht, noch auf der Lauer gelegen, höchstens um die weißen Bettücher an das Fenster zu hängen! Als dann die amerikanischen Panzer tatsächlich kamen, machte es »klick«, und schon waren sie über die Baumstämme hinweg. Alle waren glücklich und liefen zum Marktplatz.

Das war also die erste Freude. Aber am nächsten Morgen kam ein bißchen Katzenjammer. Denn da hatten die Amerikaner nachts Häuser und Wohnungen beschlagnahmt – die wollten ja auch irgendwo übernachten –, unter anderem das Haus von meinem Doktorvater. Ich lief am nächsten Morgen sofort hin, um zu gucken, wie er das nun alles überstanden hat, und im ganzen Haus tanzten die Amerikaner mit irgendwelchen Mädchen, es war ein Riesenhallo. Ich fragte, wo ist Professor Sowieso, und jemand sagte: downstairs. Ich ging also in den Kohlenkeller, und wer saß da? Mein geliebter Herr Geheimrat Wieland mit seiner Frau, sie hatten sich da notdürftig eingerichtet. Und dann begrüßte er mich, was er zuvor nie gemacht hatte und was seinen Humor beleuchtet, zum ersten und einzigen Mal mit: »Heil Hitler, Fräulein Brücher.« – Und das war am Tag nach der Befreiung!

Das sind Geschichten, die einem wieder in den Sinn kommen und ein bißchen anschaulich machen, wie das eigentlich war, diese Zerstörung und Vernichtung und dann die Freude und die Befreiung, das ging alles ineinander über.

Als der Herbst kam, waren zwei meiner Brüder in München eingetrudelt, die in Zwangsarbeitslagern gewesen waren, und es wurde ein Familienrat einberufen: Wie wollen wir eigent-

Tagebuchnotizen

»22. April 1945. Die nächsten Tage müssen die Entscheidung bringen. ¾ Deutschlands ist von Amerikanern, Russen, Engländern oder Franzosen besetzt. – Jede Stadt wurde ›bis zum letzten Mann‹ verteidigt – der Sturm auf Berlin hat begonnen. – Das Unglück wächst wie eine Lawine, die rollt und rollt – immer schneller. Ich bin arbeitsunfroh, unentschlossen und voll Unruhe. Ich röste Brot für die Hungersnot, packe meine Sachen, weil es dem Verteidigungskommissar von Starnberg eingefallen ist, vor meinem Fensterchen eine Panzersperre zu errichten ... Wie ich hoffe, daß nun alles besser wird!

17. Mai 1945. Das Gesetz, unter dem sich unser Leben entwickelte, gibt es nicht mehr. – Der Spuk der zwölf Jahre ist vorbei ... Als die ersten amerikanischen Panzer an meinem Fensterchen vorbeirollten, war ich unendlich froh.«

(Quelle: Hildegard Hamm-Brücher: *Kämpfen für eine demokratische Kultur. Texte aus vier Jahrzehnten*. München 1986) lich leben, wir müssen ja irgendwas tun? Für mich wurde dann beschlossen: Die Hildegard hat immer gute Aufsätze schreiben können, und sie hat Naturwissenschaften studiert, daraus müßte was zu machen sein. Die Amerikaner hatten gerade eine Zeitung im Haus des früheren Völkischen Beobachters in München in der Schellingstraße eröffnet: Die *Neue Zeitung*, und da ging ich hin. Ich traf auf einen netten amerikanischen Leutnant mit einem starken Augsburger Akzent, der als junger Mann nach Amerika gegangen war und nun als Presseoffizier wieder zurückgekehrt war – wie viele der leitenden Redakteure der *Neuen Zeitung*. Dem erzählte ich, daß ich Chemie studiert hätte und daß ich sehr gerne über naturwissenschaftliche Dinge schreiben möchte, für Laien verständlich. Und da gab er mir einen riesigen Fragebogen mit über hundert Fragen: den solle ich erst mal ausfüllen. Das hab ich gemacht, und dann hab ich ewig nichts gehört.

Wines Tages wurde ich wieder zu Mr. Kraus bestellt. Mr. Kraus fragte mich, ob ich nicht einen kleinen Artikel über Fritz Haber schreiben könnte, ein berühmter Chemiker, der 1918 den Nobelpreis bekommen hatte und berühmt war für sein Verfahren, synthetisch Düngemittel herzustellen – ein Riesenbeitrag zur Nahrungsversorgung während des Ersten Weltkriegs. Ich sagte, ich würde es versuchen, und nach 14 Tagen lieferte ich eine bessere Doktorarbeit über das Leben und Werk Fritz Habers ab. Dann hörte ich wieder nichts, und eines Tages spricht mich irgend jemand an und sagt: »Sie haben aber einen hübschen Artikel über Fritz Haber geschrieben.« Die *Neue Zeitung* wurde ja beinahe als Schwarzmarktprodukt gehandelt, weil sie nur zwei- oder dreimal in der Woche erschien, nur vier oder sechs Seiten pro Ausgabe, die am Kiosk sofort ausverkauft waren. Ich selbst hatte jedenfalls keine Ahnung, daß der Artikel veröffentlicht war, lief in die Schellingstraße, da hatten sie die Ausgabe aufliegen, und tatsächlich ...

Die *Neue Zeitung*

»Die *Neue Zeitung*, das Organ der Militärregierung (»eine amerikanische Zeitung für Deutschland« hieß es im Untertitel ganz offiziell, im Gegensatz zur Zeitung *Die Welt*, die das offiziöse Sprachrohr der britischen Militärregierung war, was freilich nicht auf der Titelseite kundgemacht war) [...] galt als die beste Zeitung der ersten Nachkriegsjahre überhaupt, nicht nur wegen ihrer vorbildlichen Berichterstattung im Nachrichtenteil, sondern mehr noch wegen ihres Feuilletons, das anfangs Erich Kästner leitete und in dem so ziemlich alle schrieben, die in der westlichen Welt Rang und Namen hatten. Die *Neue Zeitung* war für viele [...] der Ort, wo sie der Literatur und Kultur des Auslands, natürlich auch handfester Propaganda für den american way of life, zum erstenmal begegneten.« (Wolfgang Benz: *Die Gründung der Bundesrepublik. Von der Bizone zum souveränen Staat*. 5. Aufl., München 1999, S. 91f.)

Frühes bildungspolitisches Engagement, hier mit Stadtschulrat Anton Fingerle, 1952.

Aber ich hab meinen Artikel überhaupt nicht wiedererkannt. Es war ungefähr kein Satz mehr von meinem Text übrig geblieben, ich wußte ja auch gar nicht, wie man einen Zeitungsartikel schreibt, wie lang der sein sollte oder durfte. Jedenfalls war aus meinen zehn Seiten ein kleiner Zweispalter geworden. Aber es stand »Leben und Werk von Fritz Haber« drüber, und drunter: Hildegard Brücher. Zum ersten Mal sah ich meinen Namen gedruckt.

Mr. Kraus sagte mir dann, ich solle doch mal in die Feuilletonredaktion gehen, da würde sowas bearbeitet. Ich ging hin – und da saß meine große Kinderliebe Erich Kästner, ganz hager und ausgemergelt und mit diesen witzigen, lustigen Augen und den dicken Brauen. Die Amerikaner hatten ihn als Feuilletonchef bestellt, und er hatte diesen Posten bis '48. »Gell, das haben Sie gar nicht wiedererkannt?« fragte er mich, und: »Wollen Sie das lernen, wie man das macht?« Oh, da war ich natürlich ganz stolz und wollte das lernen.

Redaktionschef Erich Kästner

Ich begann also zu schreiben – über damals so neue, für uns ganz staunenswerte Dinge wie Penicillin oder DDT-Puder für die Entlausung, und habe das für Laien erklärt: was das ist und wie es wirkt und so weiter. Und so kam ich dann ganz schön ins Geschäft und bekam für jeden kleinen Artikel das zigfache von dem, was ich in meiner halben Assistentenstelle als Chemikerin, 175 Mark, bekommen hatte. Oft wurde ich herumgeschickt und sollte über Hochschulen in der amerikanisch besetzten Zone berichten und vor allem über die von den Amerikanern vorgesehene demokratische Schulreform.

Keim des bildungspolitischen Engagements

Ich habe mir die Finger wundgeschrieben, denn die Deutschen wollten die Reform nicht. Die wollten ihr altes Schulsystem mit Schulgeld, keine Lehrmittelfreiheit und so weiter. Die Amerikaner monierten ja mit Recht diese soziale Auslese, wenn nur Kinder aus wohlhabenden Familien die Höhere Schule besuchen konnten! Das leuchtete mir sehr ein. Bildungspolitik, das war mein Thema und ist es geblieben, und da konnte ich mein demokratisches Engagement austoben, wenn auch zunächst nur mit der Feder. Mitte '46 wurde ich festangestellt und war nun hauptberuflich wissenschaftliche Redakteurin der *Neuen Zeitung*.

Erste Begegnung mit Theodor Heuss

Ich hatte alle Vergünstigungen wie festes Gehalt, jeden Tag ein sättigendes Essen mit Fleisch und dicken Weißbrotscheiben, die ich dann nach Hause mitnahm. Und ich hatte meine Glücksfee, die immer wieder helfend eingriff. Zum Beispiel, daß ich im Herbst '46 bei einem Interview in Stuttgart den dortigen Kultusminister Theodor Heuss kennenlernte, der eine Art politischer Ziehvater wurde im Laufe der Jahre. Er war es, der mir damals riet: »Mädle, Sie müssen in die Politik.«

Umsatteln auf Politik

So kam ich dann auch zur FDP und, wie schon erzählt, in den Münchner Stadtrat. Bildungsreform, Bildungspolitik war mein Feld, und ich habe angefangen, mich dafür zu interessieren, wie Mädchenbildung zum Beispiel stattfand.

Fragen der Mädchenbildung

Das kann man sich heute gar nicht mehr vorstellen: Damals sind kaum fünf Prozent der Mädchen auf weiterführende Schulen gegangen:kaum fünf Prozent! Und wenn, dann auf Mittelschulen. Und es gab in Bayern für Mädchen nur ein staatliches Gymnasium hier in München, und alle weiterführenden Schulen für Mädchen waren konfessionell, also katholisch, ganz wenige evangelisch oder städtisch.

Politische Ämter in Bayern von 1948 bis 1966

1948 Eintritt in die FDP;
1948 – 1956 Stadträtin in München, Betätigungsfelder: Frauen-, Jugend- und Schulpolitik;
1950 – 1966 Landtagsabgeordnete im Bayerischen Landtag, Engagement vor allem als Bildungspolitikerin.
Bei den Bayerischen Landtagswahlen von 1962 rückt Hildegard Hamm-Brücher vom 17. auf den 1. Listenplatz vor. Sie wurde vom überparteilichen »Bürgerkommitee zur Wiederwahl von Dr. Hildegard Hamm-Brücher« unterstützt.
1963 – 1976 Mitglied des Bundesvorstands der FDP.

Diese städtischen Mädchengymnasien aufgebaut zu haben, darauf war eine Stadt wie München stolz, weil der Staat sich einfach nicht darum kümmerte. Die Mädchen sollten bleiben, wo sie wollten: sie heiraten ja doch, und da schadet Bildung und Kritikfähigkeit sowieso, und so gescheit sollten die Mädchen gar nicht werden – so hieß es damals. Als ich nun anfing, mich darum zu kümmern und sehr viel geschrieben hatte in der *Neuen Zeitung*, ereignete sich ein weiterer wahrer Glücksfall für mich.

Mit Stipendium nach Harvard

1949 – ich hatte die Zeitung gerade verlassen – wurden die allerersten Stipendien von den Amerikanern ausgeschrieben, und zwar für junge Deutsche, die, so hieß es damals, aktiv Politik machen und im öffentlichen Leben stehen. Ich habe mich beworben und zusammen mit dem jungen Berliner Stadtverordneten Klaus Schütz und vier anderen jungen Deutschen ein Studienjahr an der Harvard Universität in den USA gewonnen. Das war natürlich das große Los! Aus dem zerbombten, kaputten Deutschland in eine damals sehr starke, sehr selbstbewußte Demokratie. Das habe ich aufgesaugt wie ein Schwamm und kam als leidenschaftlich engagierte Demokratin 1950 von meinem Studienjahr zurück. Ich wollte alles einführen, was die Amerikaner so machten; die berühmten Parents-Teacher-Associations, daß Lehrer und Eltern sich zusammentun zum Wohle der Kinder, dann die Erfahrungen, die ich in der League of Women's Voters gesammelt habe, all das hatte mich zutiefst beeindruckt und überzeugt.

Entflammt für den »democratic way of life«

Unser Schulsystem war eigentlich nur eine Wissensvermittlungsinstitution und keine Lern- und Lebensgemeinschaft, in der auch Demokratie praktiziert wird, in der eingeübt wird, wie man zusammenleben kann, ohne daß pausenlos kommentiert, geschimpft und gestraft wird. Damals war unser Schulsystem noch eine rein autoritäre Zuchtanstalt: In Bayern wurde von dem damaligen Kultusminister Alois Hundhammer die Prügelstrafe wieder eingeführt, und einer meiner ersten Landtagskämpfe war, daß ich einen Antrag stellte, man sollte die Prügelstrafe wieder abschaffen in Bayern. Das ist natürlich abgelehnt worden, und damit habe ich mir selber Prügel zugezogen, meine ersten Puffe auf jeden Fall.

Die Frage des Bildungs- und Erziehungssystems hat mich deshalb so beschäftigt, weil ich mir gar nicht vorstellen konnte, wie man diesen schrecklichen Nationalsozialismus wieder loswerden könnte – aus den Köpfen, aus den Büchern, aus dem System. Meine Überzeugung war immer, daß es nur über junge Menschen geht, die Alten werden wir nicht mehr ändern. Die wenigen, die überlebt haben und keine Nazis waren, das waren sowieso zu wenig. Also hab ich gedacht, die Schule ist es, wo wir jetzt ansetzen müssen. Das war auch die Haltung der Amerikaner. Und darum wurde ich eben Bildungspolitikerin von der ersten Stunde im Landtag bis zum Schluß.

Gerade in Bayern war da ein großes Feld zu beackern, und wenn ich meine Landtagszeit in

Hildegard Hamm-Brücher, 1965

Bayern beurteilen möchte, dann kann ich nur sagen, es waren ganz furchtbare Kämpfe, bis 1966 in einem Zuge durch, 16 Jahre, und dann nochmal von 1970 bis '76.

Streiterin gegen die bayerische Konfes-sions-schule

Die Zuständigkeit der Bundesländer war ja überwiegend die Schul- und Bildungspolitik, und die sehr restaurative Entwicklung nicht nur in Bayern, sondern überhaupt in der Ära Adenauer, da hat sich Demokratie als Lebensform in keiner Weise entwickeln lassen. Alles war autoritär und obrigkeitsstaatlich wie gehabt, so daß nachher in den sechziger Jahren der Aufbruch der Studenten zusammentraf mit meiner Enttäuschung über die Fehlentwicklung in der Demokratie. Außerhalb der Städte gab es – laut Statistik – für das »katholische Arbeitermädchen vom Land« keine Chance, auch nur auf eine Mittelschule zu kommen, und auch viele Jungs hatten kaum bessere Chancen auf Bildungsaufstieg, so daß dann die großen Untersuchungen in den sechziger Jahren, die das Bildungsdefizit eines großen Bevölkerungsanteils offenlegten, für mich keine Überraschung war. Das aufzubrechen und Einsicht dafür zu schaffen, daß Chancengleichheit in unserem gegliederten Schulsystem ja gar nicht vorgesehen war, das war einer meiner Erfolge, auf die ich ein bißchen stolz bin.

Gleiche Chancen für alle Kinder

Vor '45 waren selbstverständlich alle Kinder, evangelische, katholische, Nichtgläubige, in einer Schule. Gleich nach Kriegsende hat die CSU in Bayern, Arm in Arm mit der katholischen Kirche, den Anspruch erhoben, daß zumindest die Volksschulen nach Konfessionen getrennt geführt werden müssen. Das hat dazu geführt, daß in vielen Orten neben der einklassigen evangelischen Schule eine ausgebaute katholische Schule war, und in evangelischen Gegenden war es umgekehrt. Kurz, die Bildungschancen waren sehr unterschiedlich, je nachdem ob ein Kind evangelisch oder katholisch war. Ich konnte einfach nicht verstehen, daß nach allem, was wir erlebt haben, überhaupt die wenigen Christen, die noch übriggeblieben waren, nun auch wieder auseinanderdividiert werden sollten. Das ging ja wirklich so weit, daß es einen evangelischen Fahrradkeller und einen katholischen Fahrradkeller gab, ein evangelisches Salzfaß in der Schulküche, ein katholisches, man kann sich das heute überhaupt nicht mehr vorstellen.

Da habe ich aus meiner kleinen David-Goliath-Position mit kleinen Kieselsteinen angefangen zu versuchen, die Konfessionsschule aus den Angeln zu heben. Das war über den Landtag völlig ausgeschlossen, denn die CSU hatte die absolute Mehrheit, und wir hatten ein bißchen über fünf Prozent. Und eine Frau im Landtag war ohnehin auf verlorenem Posten, mit der konnte man ja Schlitten fahren oder hat versucht, ihr den Schneid abzukaufen, wie man das in Bayern nennt. Es gibt eine ganze Kollektion meiner Landtagsreden zu dieser Frage der konfessionellen Schulen, das wird eines Tages sicher einmal ein Zeitdokument und interessant nachzulesen sein.

Volksbegehren für bayerische Verfassungsänderung

Mitte der sechziger Jahre wurde es mir zu dumm. Einfach schlicht zu dumm, jedes Jahr wieder dasselbe Desaster zu erleben, daß man die Eltern nicht entscheiden ließ, in was für eine Schule sie ihr Kind schicken wollen. Ich habe Informationsstände aufgemacht, und viele Leute in Stadt und Land haben gesagt, ja, das probieren wir jetzt, und haben Unterschriften gesammelt für die Änderung der Bayerischen Verfassung und die Einführung der christlichen Gemeinschaftsschule. Die Konfessionsschule sollte ja nicht verboten werden, aber sie sollte nicht Zwang sein. Das war ein erstaunlicher Erfolg, denn zumindest im zweiten Anlauf unterschrieb der nötige Anteil für ein Volksbegehren, und dieses mußte dann schließlich, mit furchtbar viel Hindernissen und Schikanen von seiten der Regierung, doch durchgeführt werden.

Die Kirchen waren ganz gegen dieses Volksbegehren, vor allem die katholische, da wurde ich also von der Kanzel als eine ganz gefährliche Atheistin abgekündigt, die unser christlichbewährtes Schulsystem aus den Angeln heben wollte. Aber es war auch ein Zeichen der Zeit

Münchner Abendzeitung, 20./21. Juli 1963:

»Es ist unerträglich! Während der letzten Monate hat es viel kulturpolitischen Ärger gegeben: um fehlende Lehrer, um überflüssige Zwergschulen, um ›schwarze‹ Berufungen und Beförderungen, um große und kleine und opportunistische Nazis, um katholische Lesebücher und demonstrierende Lehrerstudenten ... Alles in allem: Die CSU regiert absolut mit ihrer absoluten Mehrheit, und wer anderer Meinung ist, ›untergräbt die Demokratie‹, ist ›unglaubwürdig‹ oder hat einen ›schlechten politischen Stil‹. (Ein CSU-Abgeordneter hat seinem frommen Herzen sogar dahingehend Luft gemacht, daß er mich außer Landes – sprich zum Teufel – wünscht.) Nun, als Privatperson könnte man es längst ›satt‹ haben, für einen Abgeordneten aber [...] gibt es ›satt haben‹ ebensowenig wie bequemeres Schweigen – selbst auf die Gefahr hin, daß er in diesem Leben ohne Bayerischen Verdienstorden herumlaufen muß.«

(Quelle: Hamm-Brücher: *Kämpfen für eine demokratische Kultur*. München 1986)

1966/67, es war klar, daß sich etwas ändern mußte. Bis man zehn Prozent der wahlberechtigten Bürgerinnen und Bürger dazu bekommt, daß sie zu bestimmten Zeiten in ein Wahllokal gehen und mit Namen bekunden, daß sie die Gemeinschaftsschule wollen, dazu gehörte in vielen Teilen Bayerns sehr viel Mut.

Schulterschluß mit der SPD

Auch die SPD ist endlich aufgewacht und hat gesagt, wir machen ein zweites Volksbegehren mit der FDP zusammen. Nun haben natürlich viele SPD-Leute bei uns unterschrieben, aber offiziell hat die SPD nicht mitgemacht. Als das dann anlief und ganz klar war, diesmal geht es haushoch durch, hat Franz-Josef Strauß, der damals noch in Bonn war, gemerkt, daß der CSU hier die Felle davon schwimmen. Und dann hat er sich so eingeklinkt, daß man am Schluß eine Übereinkunft getroffen hat für eine Änderung der Verfassung, die dann turmhoch durchgegangen ist. Jedenfalls kann ich sagen, daß wir ohne meine Initiative 1965/66 heute noch Konfessionsschulen in Bayern hätten. Denn die CSU hätte es von sich aus über den Landtag nie getan. Das ist ein Grund, warum ich so für Volksbegehren und Volksentscheid bin, weil es wichtig ist, in solchen Grundfragen auch den Bürger zu fragen.

Später habe ich dieses Instrument noch mal benutzt, in den siebziger Jahren, da ging es um die Rundfunkfreiheit in München, darum, daß eine paritätische Besetzung der Rundfunkräte durch die Bayerische Verfassung garantiert ist.

Politik ist immer auch Frauenpolitik

Ich habe mir von Anfang an Gehör verschaffen wollen, beispielsweise im Bayerischen Landtag, als eine von nur ganz wenigen Frauen, und es ist mir auch gelungen. Zwar sehr schwer und mit viel Mühe, aber gegen Diskriminierungen war ich gewappnet: ja nicht auf das Abstellgleis »Frauenpolitik« abschieben lassen! Ich habe nichts in meinem langen politischen Leben initiiert, was nicht auch Frauenpolitik war, aber in der festen Überzeugung, daß alle Politik in der Regel immer auch Politik für Frauen, von Frauen ist. Vermutlich war ein bestimmtes Selbstbewußtsein das Geheimnis meines Erfolges – die Frauen haben nach 1945 immerhin über die Hälfte des Wählerpotentials ausgemacht, was vielen von ihnen gar nicht bewußt war. Und wenn eine Frau öffentlich in politischer Funktion auftrat, dann zu Frauenfragen und sozialen Fragen, wie man etwa in den frühen Protokollen des Deutschen Reichstages nachlesen kann.

Öffentliches Reden als Frau erforderte Mut

Wie Frauen überhaupt den Schneid aufbringen können, öffentlich zu reden, sich in öffentliche Angelegenheiten einzumischen, das habe ich in meinem Harvard-Jahr bei der schon erwähnten Liga der Wählerinnen, der League of Women's Voters, gelernt. Ich kann mich nicht erinnern, daß beispielsweise meine Eltern mich ermutigt hätten: Sag doch mal deine eigene Meinung, auch vor anderen Leuten. Meine Erziehung hatte auch mir eingebleut, eine Frau solle sich nicht einmischen, schon gar nicht öffentlich, so daß ich jahrelang Hemmungen hatte, öffentlich zu reden. Aber ich mußte es, permanent. Und dann so angefeindet zu werden, angepöbelt muß ich leider dafür sagen, das eingesteckt und weitergemacht zu haben, das habe ich wohl meinem starken Naturell zu verdanken. Auch heute noch habe ich Lampenfieber, wenn ich eine schwierige Rede halte oder Reden wie auf Kirchentagen in Messehallen vor ein paar Tausend Leuten, aber diese schlimmen Hemmungen sind nach und nach weggegangen, vor allem, als ich mitunter die Wirkung von meinen Reden erlebt habe und mich das ermutigt und bestärkt hat, weiterzumachen, weiterzureden.

So etwas wie Rhetorikkurse gab es ja zu meiner Zeit überhaupt nicht. Heute kann man das alles lernen. Und trotzdem – vielleicht kann man ein paar Techniken lernen, sicher würde mir so ein Rhetoriklehrer heute noch ein paar Tips geben können – neige ich dazu zu sagen, das muß jeder selbst für sich herausfinden, wie es gelingt, Gedanken in Sätze umzusetzen und Sätze so zu formulieren, daß Menschen bereit sind, darüber nachzudenken oder gar zuzustimmen und in ein Gespräch einzutreten. Denn nur predigen, das ist nicht meine Art.

Männersprache? Frauensprache?

Ob meine Art nun eine frauenspezifische Art zu reden ist, weiß ich nicht. Vielleicht ist diese Unterscheidung auch einfach eine Tradition. Ich finde allerdings in der Regel, daß männliche

Redner – und es gibt gute Redner – selber fasziniert sind von dem, was sie sagen, aber sie haben es ganz schnell wieder vergessen und handeln dann soviel anders. Bei Frauen kommt mir die Identität zwischen dem, was sie sagen und was sie dann tun, sehr viel stärker vor. Männer sind manchmal ganz besoffen von ihren fabelhaften Formulierungen, und nicht im Traum machen sie dann die Politik, die ihren wunderschönen Formulierungen entspricht. Das ist eigentlich meine Hauptkritik.

Politik gelingt nur in Partnerschaft

Meine Hauptkritik an Frauen wäre, daß sie sich viel zu sehr anpassen, daß sie im Stil und auch in den Denkkategorien oft nicht wagen, es anders zu machen. Meine großen Schwierigkeiten, in die ich dauernd geraten bin, kamen vermutlich daher, daß ich, wenn ich einmal eine Meinung gefaßt habe oder zu einem bestimmten Ergebnis gekommen bin, daß ich dazu gestanden bin, auch wenn es noch so anders war als das, was die Männer gewollt hatten, was sie für Vorstellungen hatten. Ich denke, das muß letztlich jede Frau für sich selber entscheiden, wie ihr Beitrag am besten gelingen kann. Die eine wird immer sagen, ja, die Männer machen das schon so lange und die können das doch viel besser, und daran will ich mich orientieren. Aber mir imponieren die Frauen, die einen anderen Weg suchen. Diese Frauen gibt es ja, aber sie trauen sich nicht in die Parteien. Sie machen ihre eigenen Initiativen, und auch in der Wissenschaft gehen sie ihren eigenen Weg. Dieses Ausklinken aus der Normalität unserer politischen

Strukturen ist vielleicht wichtig für den Anfang, aber am Ende gelingt es doch nur, wenn Frauen und Männer einen Weg finden, das politische Geschäft in Partnerschaft zu betreiben, ohne Hierarchien und ohne Ausgrenzungen – auch nicht von Frauenseite her. Es gab ja jüngst diese Gründung der linksökologischen Partei von Jutta Ditfurth, die in die Statuten aufgenommen hat, daß über Frauenfragen nur Frauen entscheiden sollen.

Radikale Positionen ja, aber nie undemokratische

Um Himmels willen, denke ich mir da, ich will aber auch in Männerfragen mitreden! Wenn das die Linie ist, daß Frauen nur über Frauenfragen und Männer nur über Männerfragen entscheiden – dieser Partei würde ich nie beitreten. Es geht mir nicht um eine wie auch immer geartete radikale Position – die kann man ja ruhig vertreten, aber immer als Demokratin: Am Schluß muß man immer auch zugestehen, daß jemand anderer eine andere Meinung haben kann. Sonst würde ja jede Entwicklung aufhören, wenn die andere Meinung das Böse und das Abwegige an sich ist und nicht geduldet wird. Und Mehrheiten kriegt man damit auch nicht, ganz klar.

Die »Erniedrigung des Aufstiegs«

Ich gehöre ja zur ersten Frauengeneration, die ganz jung nach '45 angefangen hat und ganz lange Zeit einfach diese Ochsentour machen mußte, und die Jahre, als ich dann kleine Kinder hatte – Florian ist '54 geboren und Verena '59 –, als ich politisch sehr aktiv und übrigens auch sehr kreativ war und viel geschrieben habe, diese Jahre waren dann schon sehr schwer. Die erste Bremse: Frau, und die zweite: der Konflikt zwischen Familie und Angeboten, faszinierende Ämter zu übernehmen, das Bundesland zu wechseln, später der Ruf nach Bonn... Von irgendwelchen Seilschaften unter Frauen war damals schon gar keine Rede, und mit der Solidarität war es auch nicht so doll – das ist jetzt zumindest ein Fortschritt, daß Frauen auch und gerade über Parteigrenzen hinweg viel solidarischer geworden sind. Dieses System der Männer jedoch, sich die Positionen gegenseitig zuzuschanzen unter Aufgabe vieler Überzeugungen – ich nenn' das immer die Erniedrigung des Aufstiegs – das hätte mir nicht geschmeckt, auch nicht in weiblicher Variante.

Theodor Heuss und die Partei der Liberalen

Ich habe also die Ochsentour gemacht, aber habe immer gewußt, wo meine politische Heimat ist. Ich habe in keinem Moment, auch in den schwierigsten Zeiten auf der Kippe gestanden zu einer anderen Partei geschielt. Ich habe gewußt, falls es gar nicht mehr geht, daß ich dann aufhöre, aber die Partei zu wechseln, das hätte ich nie getan. Auch nicht, als ich ja hier in Bayern als Landtagsabgeordnete vom rechten Flügel erledigt werden sollte. Wir haben in der FDP eine Zeit gehabt, in der ich vollkommen identisch war mit meiner Partei. Das war die Reformzeit der sechziger, siebziger Jahre, in der wir unser Freiburger Programm gestaltet haben, das ja von der gesellschaftspolitischen Konzeption her das fortschrittlichste war, was keine andere Partei bei uns geschafft hat. Dann kamen zwei Jahre später die »Stuttgarter Leitlinien zur Bildungspolitik«, in der meine ganzen Schul- und Hochschul- und Erwachsenenbildungsreform-Ideen eingegangen sind. Das war die Zeit, in der ich wirklich ganz deckungsgleich mit meiner Partei war. Nun gut, man kann sich nicht die Partei aussuchen, in der einem alles gefällt, und ein Freund hat mir mal gesagt: »Sei doch froh, wenn es fünfzig plus ein Prozent ist, wo du zustimmst.«

Mittlerweile scheint es mir, daß vieles, was wir als Liberale vertreten und auch in Politik umgesetzt haben, in Vergessenheit geraten ist. Wir sind in einem Koalitionskurs mit der CDU und vor allem mit der CSU eingebunden, der uns überhaupt keine Entfaltungsmöglichkeiten, keine neuen Ideen, kein Freischwimmen mehr aus der Regierungsbindung ermöglicht. Eine Erneuerung der FDP, also einer liberalen Partei, kann nur stattfinden, wenn sie nicht um ihrer Koalitionsaussage willen gewählt wird. Ich habe Wahlkämpfe über Wahlkämpfe geführt, in denen unsere Aussage war: Wählt uns, weil wir dann die Koalition mit der CDU fortsetzen und es euch weiter gut geht.

Das Profil als »dritte Kraft« erneuern

Dabei geht das eigene Profil verloren, oder wird zumindest verschwommener, viele Bereiche werden nicht mehr beackert, zum Beispiel die Demokratiedefizite, die Verfassungsdefizite, die Versäumnisse in der Gesellschaftspolitik – das alles ist ja mittlerweile ganz offenkundig geworden. Und das tut mir leid, weil ich glaube, daß wir das Zeug dazu hätten, diese wirkliche dritte Kraft zu verkörpern. Aber dafür kann ich persönlich nicht mehr zur Verfügung stehen, das müssen jetzt andere tun.

Wenn ich an den schwindenden Parteiennachwuchs denke, alarmiert mich das besonders. Nicht nur, daß heute so wenige junge Leute in Parteien gehen, sondern daß sie es, wenn überhaupt, tun, um schnurstracks Karriere zu machen. Sie sind überwiegend nicht mehr bereit dazu, Beruf und eine eigene Leistung in der Politik als ein Bürgerrecht zu sehen, sozusagen eine »Bürgermöglichkeit«. Und daß arrivierte

Leute, die im Leben schon etwas vorzuzeigen haben, auch im mittleren Alter noch in eine Partei gehen und sich engagieren, die werden auch immer weniger.

Daten zur FDP

11./12. Dezember 1948: Zusammenschluß der liberalen Parteien der Westzonen zur FDP in Heppenheim. Theodor Heuss wird Vorsitzender, ihm folgt 1949 Franz Blücher (bis 1954);
14. August 1949: Wahlen zum ersten Deutschen Bundestag (FDP: 11,9 %), Koalitionsregierung aus CDU/CSU, FDP und DP unter Bundeskanzler Konrad Adenauer.
Beteiligung an der Regierungskoalition unter Adenauer bis 1963, dann unter Bundeskanzler Ludwig Erhard (gewählt am 16. Oktober 1963) bis 1966.
12. September 1949: Bundesversammlung wählt Theodor Heuss zum Bundespräsidenten (Wiederwahl 1954, Ende seiner Amtszeit 1959).
7. April 1954: Thomas Dehler wird Vorsitzender der FDP.
27. Oktober 1966: Rücktritt der FDP-Bundesminister und Beendigung der Regierungskoalition durch Mehrheitsentscheidung der FDP-Fraktion (einen Monat später Rücktritt von Kanzler Erhard, Wahl Kurt Georg Kiesingers, CDU, zum neuen Bundeskanzler).
1966 – 1969: Große Koalition aus CDU/CSU und SPD mit Vizekanzler Willy Brandt.
1968 – 1974: Walter Scheel Vorsitzender der FDP (Nachfolger 1974 – 1985: Hans Dietrich Genscher).

Das war die Stärke der FDP in den fünfziger und sechziger Jahren. Das ist heute vorbei. An dieser Stelle, wenn es um die Stärken der FDP geht, muß man an Theodor Heuss erinnern, an

28. September 1969: Wahlen zum 6. Bundestag, FDP: 5,8 %, Beginn der sozialliberalen Koalition (Kabinett Brandt/Scheel, ab 1974 Schmidt/Genscher).

1971: Die ›Freiburger Thesen‹ der FDP, ein gesellschaftspolitisches Reformprogramm der linksliberalen Kräfte, setzen sich in der Partei durch. Unter Führung von Scheel und seinem Nachfolger Genscher trägt die FDP die Neuorientierung in der Deutschland- und Ostpolitik mit.

17. September 1982: Ende der sozialliberalen Koalition durch Austritt der vier FDP-Bundesminister (Baum, Ertl, Genscher, Lambsdorff) aus dem Kabinett Schmidt. Drei Tage später Aufnahme von Koalitionsgesprächen mit der CDU/CSU. Gemeinsamer Beschluß zum konstruktiven Mißtrauensvotum gegen Kanzler Schmidt am 1. Oktober.

1. Oktober 1982: Nach Sturz von Schmidt wird Helmut Kohl vom Bundestag zum Kanzler gewählt.

5. – 7. November 1982: FDP-Parteitag in Berlin, Genscher setzt sich gegen innerparteiliche Kritik durch, Austritt prominenter Mitglieder.

6. März 1983: Vorgezogene Bundestagswahlen (FDP6,9 %). Bildung der CDU/CSU/FDP-Koalition.

1985: Martin Bangemann übernimmt den Parteivorsitz von Genscher .

27. September 1998: Bundestagswahlen (FDP: 6,2 %) und Ende der Bonner Regierungsbeteiligung der FDP durch Wahlsieg der SPD, die eine Koalition mit Bündnis 90/Grüne eingeht.

Theodor Heuss: Leitbild und Mentor

sein Demokratieverständnis, sein Credo als Liberaler. Das sind ja Dinge, die heute normalerweise niemand mehr parat hat.

Theodor Heuss stammt ja aus einer schwäbischen, traditionell liberalen Familie, die noch stolz darauf war, daß sie 1848 bei der Paulskirche dabei war. Es war diese starke liberale Tradition, die damals um die Jahrhundertwende – Heuss war 1884 geboren, ging 1902 als Student nach München, dann nach Berlin – sich um den Linksliberalen Friedrich Naumann herum sammelte. Naumann war ursprünglich ein gelernter Pfarrer, der 1918, kurz vor seinem Tod, die Deutsche Demokratische Partei mitbegründet hatte. Er war es, der die große Vision von Demokratie und Kaisertum interessanterweise für das Bildungsbürgertum in Deutschland zum ersten Mal attraktiv gemacht hatte. Und er hatte sich vorgestellt, daß man zusammen mit den Sozialdemokraten eine Demokratie in Deutschland einführen könnte.

Im Gefolge von Friedrich Naumann

1903 hat Heuss als ganz junger Mann, mit knapp 20 damals, in Berlin Wahlkämpfe für Friedrich Naumann geführt – ungefähr in dem Stil wie ich dann später mit dieser Handvoll selbstgebastelter Plakate. Jedenfalls war Heuss davon sehr begeistert und hat schon 1916 oder 1917 mit Hugo Preuss, dem späteren Schöpfer der Weimarer Verfassung, mit Max Weber, dem großen Soziologen, und anderen überlegt, wie denn eine demokratische Verfassung aussehen könnte. Ebenfalls schon ganz früh hat Heuss die Einsicht gehabt, daß Demokratie nicht nur die

Hildegard Hamm-Brücher mit Theodor Heuss, 1960.

Erneuerung politischer und gesellschaftlicher Einrichtungen und Institutionen bedeutet, sondern vor allem etwas ist, was das Zusammenleben der Menschen bestimmen muß, es hat etwas mit Freiwilligkeit, mit Engagement freier Bürger für das Gemeinwesen zu tun, nicht zuletzt auch mit Ehrenamt, mit diesem, wie Heuss es sagte »Dem-anderen-zur-Verfügung-Stehen«. Das ist das, was er immer »Demokratie als Lebensform« genannt hat.

Das hat er dann in der Weimarer Republik sehr konsequent in Wort und Schrift vertreten, war lange Zeit auch Reichstagsabgeordneter und hat dann – und das war sein Lebenstrauma oder sein Makel – zusammen mit den vier anderen liberalen Reichstagsabgeordneten am 21. März 1933 wider besseren Wissens und Gewissens dem Ermächtigungsgesetz zugestimmt. Damit haben auch Liberale die Demokratie sozusagen freiwillig verabschiedet und Hitler die Macht in die Hand gegeben.

Lebenstrauma Ermächtigungsgesetz 1933

Das hat Heuss zutiefst bereut, und noch auf seinem Totenbett hat er versucht aufzuschreiben, was damals falsch gelaufen ist und warum er sich hat herumkriegen lassen. Denn in der Fraktion, die auf fünf Abgeordnete zusammengeschmolzen war, war er neben einem anderen der einzige, der nicht zustimmen wollte. Aber es herrschte eben Fraktionszwang, und Heuss hat auch zugestimmt. Diese Erfahrung des Scheiterns der Weimarer Demokratie war sein starker

Frühes Bekenntnis zur Demokratie

Theodor Heuss, 1907:
»Ich bin nie auf die Idee gekommen, die kleine Partei, zu der ich gehöre, sei im Alleinbesitz der politischen Weisheit. [...] Es gibt in der Politik keine absoluten Wahrheiten, sondern fast nur Relationen. Ich bin Demokrat, nicht aus Haß der Junker, sondern weil ich glaube, daß Deutschland, das industriell werdende Sechzig-Millionenvolk, die Demokratie braucht wie das tägliche Brot und den Segen Gottes, wenn es in der Weltgeschichte und Weltwirtschaft vorwärts kommen will.« (Quelle: Hamm-Brücher: *Gerechtigkeit erhöht ein Volk. Theodor Heuss und die deutsche Demokratie*. München 1984)

Motor für seine Grundarchitekturleistung für unsere jetzige Bundesrepublik.

Geburtshelfer des Grundgesetzes

Heuss war wohl mit dem Sozialdemokraten Carlo Schmidt der mit Abstand wichtigste Mann im Parlamentarischen Rat, dem Gremium der »Grundgesetz-Väter« also. Den Namen Bundesrepublik Deutschland hat Heuss erfunden, er hat die Präambel des Grundgesetzes geschrieben, die uns ja seither begleitet hat und zur wirklichen Wiedervereinigung geführt hat. Er hat die vielen Grundsatzfragen, auch die der Trennung von Kirche und Staat, des Verfassungsgerichts und so weiter geprägt. Leider war er nur knapp ein Jahr, von Dezember '48 bis zu seiner Wahl zum Bundespräsidenten im September '49, Vorsitzender der Partei. Also viel zu kurz, um der FDP wirklich eine Dauerprägung zu geben.

Selbst wenn er gewollt hätte – er konnte ja nicht Vorsitzender bleiben, nachdem er Bundespräsident geworden ist. 1959, als seine zehn Jahre Amtszeit um waren, hat er sich sehr schwergetan mit der FDP, die er dann vorgefunden hat. Darüber gibt es viele Dokumente, in denen er sich nicht nur besorgt, sondern sehr kritisch über die damalige FDP und ihren ziemlich scharfen Rechtskurs geäußert hat. Es ist gar nicht so einfach zu beantworten, wie Theodor Heuss sich die FDP vorgestellt hat und was er ihr mitgegeben hat.

Mitgegeben hat er mir sein Grundverständnis für Demokratie, seine großartigen Beiträge als Bundespräsident. Wenn man heute die

Inbegriff liberaler geistiger Einstellung

großen Reden von Theodor Heuss als Bundespräsident liest, die zwar ein bißchen verschnörkeltes Bildungsdeutsch pflegen, wünschte man sich sehr, daß das alles bekannter wäre: seine klugen und grundsätzlich heute noch gültigen Erkenntnisse zu Kultur, zu Gesellschaft, zu Jugend und Erziehung. Immerhin war er unser erster Bundespräsident, er hat uns als Bundespräsident geholfen, überhaupt wieder erstes Vertrauen im Ausland aufzubauen, kleine Saatkörner zu legen. Ich sehe ihn noch in der Kutsche mit der Königin, mit der damals sehr jungen Königin Elisabeth, durch London fahren – mit seiner behäbigen schwäbischen Art –, und diese nette Königin, die gleich fasziniert von ihm war... In Israel war er erst nach seiner Bundespräsidentschaft, weil wir damals ja noch keine diplomatischen Beziehungen mit Israel hatten, aber er hat einen ganz großen Beitrag geleistet für eine erste behutsame Annäherung und Versöhnung gegenüber Israel und den Juden. Dann seine Reise nach Amerika, die erst möglich war ganz am Ende seiner Bundespräsidentschaft, als er das deutsch-amerikanische Verhältnis ein klein wenig vorangebracht hat. Es war ein schweres Amt in schwerer Zeit, das er bravourös erfüllt hat. Ich denke, alle Liberalen sollten sich bewußt sein, daß Theodor Heuss immer noch ein Markenzeichen für liberale geistige Einstellung ist und auch bleiben kann.

Für mich persönlich ist Heuss, den ich ja auch privat gekannt habe, auch seine Frau Elly Heuss-Knapp, deswegen ein Leitbild, aber auch ein politischer Ziehvater, weil er der erste Deutsche war, der sehr positiv über Demokratie gesprochen hat, der auch genau wie ich begeistert war über die Chancen, die wir hatten, nachdem wir endlich die Nazis los waren und dieser schreckliche Krieg vorüber war.

Er hat in einer phänomenalen Art und Weise, auch wenn er noch so kritisch gesprochen hat, den Menschen immer wieder Ermutigung zuteil werden lassen. Was ich versucht habe bis heute, in den 28 Jahren seit seinem Tod im Dezember 1963, ist, seine Persönlichkeit und aber vor allem auch seine Vorstellung einer lebendigen Demokratie, einer farbigen Demokratie, in der vieles geschieht von seiten der Bürger, was nicht der Staat erreicht und was nicht durch Gesetze erreicht werden kann, weiter zu pflegen.

Stiftung Theodor-Heuss-Preis

So ist bereits im Januar 1964, anläßlich einer Gedenkfeier, diese Stiftung ins Leben gerufen worden, die nach Theodor Heuss benannt ist. Sie ist mein ureigenstes Kind, worauf ich auch ein bißchen stolz bin. Einmal im Jahr verleihen wir, Vorstand und Kuratorium, den Theodor-Heuss-Preis für Zivilcourage und Beitrag für das Allgemeinwohl. Daneben verleihen wir die Theodor-Heuss-Medaillen für gesellschaftspolitische, von Zivilcourage bestimmte, offene und mutige Projekte. Preis wie Medaillen gehen sowohl an Einzelpersonen wie an Gruppen. Über diese Stiftung haben wir bereits in den sechziger Jahren zum Beispiel Engagement in Bereichen wie Integration von Ausländern, Strafvollzugshilfe, neue Formen der Drogenhilfe, Umweltschutz, Schulreform, um nur wenige Beispiele zu nennen, schon ganz früh ermutigt und haben dieses Engagement ausgezeichnet, so daß sich die Chronik der Theodor-Heuss-Preisträger liest wie ein Stück Demokratiegeschichte.

Zu den Voraussetzungen, um Theodor-Heuss-Preisträger zu werden, worunter auch immer wieder sehr junge Leute sind, gehören Zivilcourage, Unangepaßtheit, Widerstandsgeist, was ja für Durchschnittsbürger eher ungewöhnliche Tugenden sind. Und wir haben

Erste und jüngste Träger des Theodor-Heuss-Preises (1965, 1998)

1965: »Vom rechten Gebrauch der Freiheit«
Professor Georg Picht (Bildungsreform)
Aktion Sühnezeichen (Aussöhnung)
Evangelische Volksschule Berchtesgaden (Schülerbegegnung)
Jugendrotkreuz Roding
Peter Löser-Gutjahr und Heinrich Sievers (Schülerzeitschrift)
1998: »Auf der Suche nach einem neuen Ethos – weltweit und zuhaus«
Hans Küng
Das Europäische Forum für Freiheit im Bildungswesen, Witten
Peter Eigen (Gründer und Vorsitzender von Transparency International, Berlin)
Die Initiative Deutsch-Russischer Austausch, Berlin
(Quelle: Jahresbroschüren der Theodor-Heuss-Stiftung (Hrsg.), Stuttgart)

auch Preisträger, an denen man das heute noch festmachen kann. Zum Beispiel haben wir in den allerersten Jahren, genau genommen 1967, jemanden wie Graf Baudissin ausgezeichnet, der damals das Konzept des »Bürgers in Uniform« entwickelt hat, also eine innere Demokratisierung der Bundeswehr, weg von der Reichswehrideologie. Dafür wurde Baudissin unendlich angefeindet. Dann, 1966, die damals noch junge Marion Dönhoff als einfache Redakteurin der *ZEIT* für ihre aufsehenerregende Publizistik zur Ostpolitik; 1968 Gustav Heinemann wegen seiner Strafrechtsreform, die ja auch sehr, sehr mutig war: gegen alle gängigen Vorstellungen von Sühne und Strafvollzug, der die Menschen kaputt macht statt sie wieder aufzubauen. Das haben wir Gustav Heinemann zu verdanken.

Auch mit den Preisträgern der jungen Generation, die sich beispielsweise mit Friedensfragen, mit Frauenfragen und sozialen Fragen in besonderer Weise befassen, sind wir sozusagen immer ein paar Schritte der allgemeinen gesellschaftlichen Entwicklung voraus gewesen. In diesem Jahr bekommen die Ausländerbeauftragten in Bund und Ländern, die für uns stellvertretend eine schwere Aufgabe erfüllen müssen, die unsere Gesellschaft zum großen Teil ablehnt, den Theodor-Heuss-Preis. Damit soll deutlich gemacht werden, daß wir lernen müssen, mit Fremden, mit andersartigen Menschen nicht nur friedlich zusammenzuleben, sondern auch in dem Bewußtsein, daß sie eine Bereicherung unserer Gesellschaft sind. Mit der Auszeichnung einer Initiative wie »Brandenburger Schülerinnen und Schüler sagen Nein zu Gewalt und Rechtsextremismus« wollen wir speziell jungen Menschen zeigen, wie wichtig es ist, sich gegen Rassismus und Gewalttätigkeiten zu wehren, damit sich so etwas bei uns in Deutschland nicht wieder breitmacht.

Und abgesehen von aller Ehre – auch handfeste, das heißt in vielen Fällen finanzielle Unterstützung ist immer auch mit dem Preis verbunden. Da gab es zum Beispiel diese jungen Leute, die Nachhilfeunterricht und Hausaufgabenhilfe geleistet haben. Die waren immer fast am Aufgeben, weil sie überhaupt kein Geld dafür bekommen haben und auch sonst keine Unterstützung. Ihr Engagement ist dann zum Modell geworden, es gründeten sich mehr Gruppen dieser Art Nachbarschaftshilfe, und heute gibt es dafür sogar öffentliche Zuschüsse. Ihre Theodor-Heuss-Medaille hatten sie dann in ihrem Briefkopf – das machen übrigens viele –, und jeder Preisträger gibt in seiner Vita an, daß er den Heuss-Preis bekommen hat. Das ist ja immerhin ein gutes Zeichen.

Ein oft kopierter Bürger-Preis

Ich glaube sagen zu können, daß unsere Stiftung den mittlerweile wichtigsten und angesehensten Preis – nach dem Friedenspreis des Deutschen Buchhandels – vergibt, und er wird dauernd kopiert. Es gibt inzwischen aus allen politischen Richtungen so einen Ermutigungspreis für Zivilcourage, ob das der Heinemann-Preis ist oder der Carlo-Schmid-Preis oder der Adenauer-Preis und so weiter. Aber wir haben

Hildegard Hamm-Brücher überreicht Günter Grass den Theodor-Heuss-Preis 1969. Ferner: Hans Heigert und Hans Wolfgang Rubin.

zweifellos das Erstgeburtsrecht. Und: wir sind kein Parteipreis, das ist ganz wichtig! Wir sind ein Demokratiepreis. Das Überwinden der ewigen Parteischablonen – einer der schwierigen Lernprozesse, die wir selber immer wieder neu durcharbeiten müssen – spiegelt sich bei uns schon im Vorstand: Wir haben vom Oberbürgermeister Rommel bis zu Hans-Jochen Vogel und mir die ganze Bandbreite des Spektrums, auch neuerdings ein Mitglied, das eher ins Grüne hinein schillert. Und dann gibt es ein Kuratorium von 36 unabhängigen Leuten mit den wildesten und lustigsten politischen Ideen und

Vorschlägen. Und die müssen die Vorschläge bestätigen oder ablehnen.

Kontroverse um Wolfgang Schäuble

Ich denke in diesem Zusammenhang an ein jüngstes Beispiel, nämlich den Vorschlag, Wolfgang Schäuble auszuzeichnen. Er hat nach unserer Überzeugung einen ganz wichtigen Beitrag im Vereinigungsprozeß gespielt. Vor zwei Jahren wurde Hans-Dietrich Genscher ausgezeichnet für seinen außenpolitischen Beitrag zur Vereinigung, und wir dachten, nun müßte also auch ein innenpolitischer Beitrag gewürdigt werden. Und just dann entbrannte diese Diskussion um Asylrecht und Grundgesetzänderung, und da wollte eine ganz knappe Mehrheit im Kuratorium nicht mehr – und ich respektiere das –, denn dann würde der Preis sozusagen die Botschaft ausdrücken: »... und die Stiftung hat ihn ausgezeichnet, weil der das Asylrecht ändern will.« So war also eine neue Situation entstanden zwischen Anfang und Ende der Überlegungen, Schäuble den Preis zuzuerkennen. Aber dafür sind wir gute Demokraten, daß der Vorstand das Votum des Kuratoriums am Schluß akzeptiert hat. Und auch Schäuble selbst – er hat sehr honorig reagiert, was auch ein Stück Demokratie gewesen ist.

Die »loyale Dissidentin«

Vor allem anderen – vor Widerstand und Engagement, vor Zivilcourage und Aufbegehren – ist für mich das wichtigste die Frage der Freiheit. Eigentlich die Grundfrage, wenn ich nur mal meine Publikationen durchgehe. Das heißt: Wie geht man nach der totalen Unfreiheit mit Freiheit um? Wie nutzt man sie wirklich zur Vermenschlichung der Gesellschaft, zur Verbesserung der Bedingungen, und zwar nicht nur mit Ellenbogentaktik, mit Rücksichtslosigkeit und Egoismus? Das sind heute die Fehlentwicklungen in unserer freiheitlichen Gesellschaft. Während wir die positiven Möglichkeiten noch gar nicht annähernd ausgeschöpft haben. Darum kommt das auch in vielen meiner Bücher vor, und offenkundig ist dieses Prinzip der Freiheit nicht ohne Kampf, ohne Aufmüpfigkeit, letztlich ohne Bekenntnis zum Dissidententum durchzusetzen. »Loyale Dissidentin«: So bin ich ja auch offiziell schon genannt worden. Das zu sein mag zwar teilweise auch schmerzhaft gewesen sein, aber hier komme ich wieder auf Heuss zurück, der die innere Freiheit als fast noch wichtiger empfunden hat als die äußere Freiheit. Er hat mal gesagt, die äußere Freiheit der vielen ist bedingt durch die innere Freiheit des einzelnen.

Das Prinzip innere Freiheit

Das heißt in der Praxis zum Beispiel, daß ich das Recht habe und die Möglichkeit, auch nein zu sagen. Und ich habe das Recht und die Möglichkeit, auch unabhängig davon, ob ich dadurch Nachteile erfahre, ob ich ausgegrenzt werde oder gar bis in so eine Art Strafvollzug geschickt werde, zu sagen: Ich kann jetzt nicht anders handeln, es tut mir leid, deshalb schneide ich das Tischtuch nicht durch, aber in dieser Sache folge ich der Partei oder der Fraktion oder der öffentlichen Meinung nicht. Ich bin also so frei, wie man so schön sagt. Und vielleicht erleide ich manche Nachteile, aber ich bin froh, dafür nicht ins Gefängnis zu kommen.

Widerspruch gegen den Mißtrauensantrag (Auszug aus der Debatte des Deutschen Bundestages vom 1. Oktober 1982)

Frau Dr. Hamm-Brücher:
»Der Vorgang, den heute jeder Bürger vor dem Fernsehschirm miterleben kann, ist mehr als nur ein liberaler Familienkrach für oder gegen einen Machtwechsel. Er betrifft das Ansehen unseres Parlaments, der parlamentarischen Demokratie überhaupt. [...] Wir alle beklagen ja gemeinsam den Vertrauensschwund, vor allem bei der jungen Generation, und wir alle denken darüber nach, wie wir das ändern können [...] Deshalb sollten wir der persönlichen Meinung und Verantwortung des gewählten Abgeordneten wieder mehr Gewicht beimessen und sie zu Gehör bringen. [...] Aus diesem Grunde möchte ich stellvertretend für viele Freunde und Mitbürger erklären, daß nach meiner Überzeugung der Weg über das Mißtrauensvotum zwar neue Mehrheiten, aber kein Vertrauen in diese Mehrheiten schafft.[...]

Dieses Neinsagen habe ich in der Tat und sehr massiv bei der »Wende« 1982 praktiziert, dem Austritt meiner Partei aus der Regierungskoalition mit der SPD, bei ihrer Rolle bei dem konstruktiven Mißtrauensvotum im Schulterschluß mit der CDU/CSU-Fraktion. Da habe ich offen begründet, weshalb ich meiner Partei in der Sache nicht folgen kann, aber sie auch nicht verlassen werde. Das war allerdings die Grenze meines Dissidententums. Denn Parteifreunde, mit denen ich sehr gut lange zusam-

Der dritte Grund für meine Wortmeldung ist ein offener Protest gegen das, was man da von mir verlangt. [...] Ganz gewiß sind Koalitionen für mich kein Dogma. [...] Dennoch vermag ich dem Kanzler dieser Koalitionsregierung nicht das Mißtrauen auszusprechen, nachdem ich ihm doch erst vor ganz wenigen Monaten das Vertrauen ausgesprochen habe. [...]
Ich möchte Sie um Verständnis für diese Position, vielleicht sogar um Verzeihung bitten. Vielleicht ist das eine typisch weibliche Reaktion. Davon war ja in den letzten Tagen hier auch viel die Rede. Ganz gewiß verstehe ich sie als eine christliche Reaktion. Ich finde, daß beide dies nicht verdient haben, Helmut Schmidt, ohne Wählervotum gestürzt zu werden, und Sie, Helmut Kohl, ohne Wählervotum zur Kanzlerschaft zu gelangen. Zweifellos sind die beiden sich bedingenden Vorgänge verfassungskonform. Aber sie haben nach meinem Empfinden doch das Odium des verletzten demokratischen Anstands.«
(Quelle: Hamm-Brücher: *Der Politiker und sein Gewissen*. München 1983)

Hildegard Hamm-Brücher 1973.

mengearbeitet hatte, haben ja diese Grenze überschritten. Sie sind aus der FDP ausgetreten, haben entweder ganz aufgehört oder sind in andere Parteien gegangen – ein Verlust übrigens, von dem sich die FDP nie wieder ganz erholt hat. Wir haben nie wieder so begabte und so verheißungsvolle junge Politiker gehabt wie damals, die wir mit der Wende verloren haben, und auch der Mitgliederstand in der FDP hat sich nie wieder von diesem Aderlaß erholt, das ist leider so.

Daß meine Erklärung im Bundestag von der Öffentlichkeit als Sensation empfunden würde, daß sie in der Folgezeit zu einer Stigmatisierung führen würde – Heiner Geißler warf mir anschließend an die Debatte mit größter Empörung einen »Anschlag auf die Verfassung« vor –, das konnte ich nicht voraussehen und mußte lernen, das durchzustehen. Es war bitter.

Aber wie man das auch nachträglich begründen mag, warum dieser Koalitionswechsel dann doch aus wirtschafts- und finanzpolitischen Gründen seine Rechtfertigung erhalten kann, wie man das auch hin und her wendet: Der Weg war für mich zutiefst verabscheuungswürdig. Einem Mann wie Helmut Schmidt, mit dem man so lange zusammengearbeitet hat, dem man erst kurz zuvor das Vertrauen ausgesprochen hat, auf diese Weise den Laufpaß zu geben... Man redet immer von den berühmten Männerfreundschaften – die Männer hätten sich zusammensetzen müssen und sagen, es geht eben nicht mehr, wie kommen wir jetzt fair und anständig auseinander? Aber das so hintenherum mit einem Mißtrauensvotum und mit ständigen neuen Forderungen und Sticheleien... Es war das Übelste, was ich in meinem nun wirklich langen politischen Leben mitgemacht habe.

Folgen meines »Befreiungsschlags«

Ich war nur insofern stark, als ich gewußt habe, das mache ich nicht mit. Ich wußte nur bis zur Nacht vorher nicht, in welcher Form ich das ausdrücken sollte. Was ich mir dann überlegt, aufgeschrieben und dann öffentlich gesagt habe, ist gereift in qualvollen Diskussionen mit gleichdenkenden Freunden. Niemand kann voraussagen, ob und wie ein solcher Befreiungsschlag, was es ja für mich war, am Ende wirkt. Daß er diese Folgen hatte, damit bin ich bis heute eigentlich noch nicht ganz fertig. Denn was habe ich getan? Das Natürlichste von der Welt: nämlich das gesagt, was ich in dem Augenblick gefühlt und gedacht und für richtig gehalten habe. Andererseits ist es sehr schön, wenn man nach fast zehn Jahren jetzt Menschen trifft, die im zweiten Satz an diese Rede erinnern. Und um so schlechter ist es mir dann in der Partei und in der Fraktion gegangen.

Die ersten vier Jahre danach waren in der Fraktion qualvoll. Man hat mich bei jeder Gelegenheit gedemütigt, man hat mir nicht die kleinsten Ämter mehr zukommen lassen, man hat mich zu keiner einzigen Entscheidung hinzugezogen. Das waren schon sehr schlimme Zeiten, und die wenigen Parteifreunde, wie man so schön sagt, die zu mir gehalten haben, das waren wirklich Freunde. Da habe ich wirklich ohnmächtig nur versucht nicht aufzugeben. Erst als ich dann 1985 auf dem Parteitag wie durch ein Wunder mit dem zweitbesten Ergebnis wieder in den Bundesvorstand gewählt wurde und zwei Jahre später sogar ins Präsidium, hat man sich nicht mehr so viel getraut wie in diesen ersten Jahren. Das war schon hart, und ich würde es auch niemandem wünschen. Aber auf der anderen Seite muß man immer versuchen, einen Weg konsequent weiterzugehen und nicht auf einmal sagen: So, jetzt mag ich nicht mehr.

Initiativgruppe Parlamentsreform (1984 – 1986)

Irgendwie resigniert war ich 1982 natürlich, weil so ein Stück Lebensarbeit oder Lebenskonzept ja ganz jählings abgebrochen ist, aber Resignation kann ja mancherlei Gestalt annehmen. Ich habe Resignation nicht als Selbstaufgabe verstanden, sondern als Punkt, an dem ich mich hinsetze und frage: Was kannst du noch Vernünftiges, Nützliches tun? Das war dann mein Bemühen um Parlamentsreformen, eine Aufgabe, die mir schon im Landtag in den sechziger Jahren hier in Bayern bewußt wurde. Daß unsere Volksvertretung nämlich die Aufgabe der Kontrolle und Korrektur der Regierung und der Gesetzgebung und vor allem der Bürokratie gar nicht mehr wahrnahm. Diese überfraktionelle Initiative Parlamentsreform, die ich dann 1984, zwei Jahre nach der Wende, ins Leben gerufen habe, ist ein, ja, Handwerksstück geworden, auf das ich ganz stolz bin, wenn auch nicht in vollem Umfang das herausgekommen ist, was ich mir vorgenommen hatte. Der Anfang schien ja eigentlich ganz verheißungsvoll.

Artikel 38 Absatz 1 Grundgesetz

»Die Abgeordneten [...] sind Vertreter des ganzen Volkes, an Aufträge und Weisungen nicht gebunden und nur ihrem Gewissen unterworfen.«

Wir waren ein kleines Häufchen von vielleicht zwölf Abgeordneten, die sich auch nicht mehr damit abfinden wollten, daß sie eigentlich nur noch Funktionäre sind ihrer Fraktionsführung, und die auch darüber nachdachten, wie eigentlich eine Volksvertretung nach Artikel 38 unseres Grundgesetzes beschaffen sein müßte. Von all den schönen Verfassungsgeboten wie Gewissensfreiheit und Rechten und Pflichten des Abgeordneten ist ja in der Verfassungswirklichkeit unseres Parlamentes leider überhaupt keine Rede. – Wir haben dann eine Liste von zunächst ganz praktischen Punkten aufgeschrieben, von denen wir meinten, da könnte man etwas ändern und das, was wir als Volksvertretung tun können, aufwerten. Das haben wir in einem schönen Brief dem damaligen Parlamentspräsidenten Rainer Barzel geschrieben und gleichzeitig den Vorschlag gemacht, das Parlament solle doch mal über sich selbst debattieren, eine eigentlich ganz selbstverständliche Sache.

Erste »Selbstverständnisdebatte« des Parlaments

Es war aber eine Sensation: Der Deutsche Bundestag hat im September 1984, nach 35 Jahren zum allerersten Mal, über sich selbst, über sein Selbstverständnis, seine Arbeitsweise und so weiter debattiert, viele Stunden lang. Und am Schluß wurde auf Antrag von unserer Initiative eine Kommission eingesetzt mit dem Vorsitz des Parlamentspräsidenten, in der alle Vorschläge geprüft werden sollten. Ich dachte mir damals: wenn das so leicht ist mit der Parlamentsreform, das ist ja wunderbar. Aber leider, schon wenige Wochen später, mußte jener Präsident, Rainer Barzel, zurücktreten, weil er tief in die Flickaffäre verstrickt war, und sein Nachfolger Philipp Jenninger interessierte sich zunächst gar nicht dafür.

Kurz und gut, es verschleppte alles, und es kam aus der Arbeit dieser Kommission nicht viel heraus. Aber einen Punkt hatten wir erreicht – wir waren höchstens vierzg Anhänger in unserer Initiativgruppe –, daß nämlich der Artikel 38 Absatz 1 des Grundgesetzes in die Ge-

Beschluß des Deutschen Bundestages am 10.12.1986:

»1. Der §13 der Geschäftsordnung des Deutschen Bundestages wird im Absatz 1 um folgenden Satz ergänzt: ›Jedes Mitglied des Bundestages folgt bei Reden, Handlungen, Abstimmungen und Wahlen seiner Überzeugung und seinem Gewissen.‹
2. Der Wortlaut des Art. 38, Abs. 1 GG wird wörtlich in Form einer ›Fußnote‹ zum §13 in die Geschäftsordnung aufgenommen.
3. Zur Sicherung der kontinuierlichen Weiterarbeit an der Parlamentsreform in der 11. Legislaturperiode wird festgehalten: ›Vom 11. Deutschen Bundestag wird erwartet, daß er die vom 10. Deutschen Bundestag begonnene Arbeit fortsetzt und dabei nicht erledigte Anträge zur Änderung der GO [Geschäftsordnung] aufgreift und berät[...].‹«
(Quelle: Hamm-Brücher: *Der Politiker und sein Gewissen*. Erw. Neuausg., München 1991)

schäftsordnung des Bundestages aufgenommen wurde. Das war schon allerhand, da konnten die Abgeordneten wenigstens immer, wenn sie darin blätterten, auch lesen, was die Väter und die wenigen Mütter unserer Verfassung sich eigentlich unter einem Abgeordneten vorgestellt hatten.

Ende '87 war die Legislaturperiode zu Ende, und in der folgenden hab ich eigentlich erst gedacht, ich mache es nicht weiter, es hat keinen Sinn mit dem Präsidenten, mit der Fraktionsgeschäftsführung und den wenigen Anhängern. Aber dann habe ich noch einmal einen Brief an alle Bundestagsabgeordnete geschrieben, noch einmal dargelegt, was wir uns vorgestellt hatten, dann, was wir bisher davon nicht erreicht haben, und einen Fragebogen beigefügt: »Glauben Sie, wir sollen weitermachen? Und wenn ja, sind Sie bereit, auch mit Ihrer Unterschrift unsere Ziele zu unterstützen?« Und dann passierte jenes seltsame Wunder: Etwa die Hälfte der Abgeordneten rührte sich nicht, also ungefähr zweihundert von insgesamt 518, und um die hundert haben aus irgendwelchen Gründen eine Absage erteilt, aber 190 Abgeordnete haben unser Vorhaben bekräftigt: die Hamm-Brücher und die anderen, die sollten mal ruhig weitermachen ...

Dann weiter, habe ich mir gesagt. Es folgten also viele, viele Anträge, regelmäßige Sitzungen einmal pro Woche, wo einer mal kommt, einer mal wegbleibt und so weiter. Wir haben ein großes Programm durchgezogen, und ich habe die Chronik dieser Jahre von 1984 bis 1989, das Ringen um die Parlamentsreform in einem Taschenbuch veröffentlicht: *Der freie Volksvertreter – eine Legende?*, habe schamhaft noch ein Fragezeichen hinter »Legende« gesetzt.

Eine wirkliche Parlamentsreform steht aus

Es ist schon spannend, was eigentlich passiert, wenn man im Parlament nicht in den starren Ordnungen der Fraktion, der Fraktionsgeschäftsführung, der Aufgaben, die einem da zugeteilt werden, verharrt, sondern versucht, für das Ganze zu wirken. Es sollte doch eigentlich ganz selbstverständlich sein, daß es in einem Parlament eine Form gibt, in der man eben nicht nur für die Fraktion denkt, sondern für das Ansehen unserer parlamentarischen Demokratie, das so bitter beschädigt ist. Ich denke nur an die selbst bewilligten Diäten und Zuwendungen und die Umfrageergebnisse über das Ansehen unserer Politiker.

Wo bleiben denn die Leute, die sich verantwortlich dafür fühlen, daß unsere Demokratie nicht wieder vor die Hunde geht?

Das beschäftigt mich sehr, auch jetzt im Ruhestand verfolge ich dieses Anliegen weiter – soweit man überhaupt noch in die Öffentlichkeit damit dringen kann. Die jetzige amtierende Präsidentin, Rita Süssmuth, hat jedoch vor, und mich dazu auch schon mehrfach eingeladen, wieder so eine Art Kommission einzuberufen und auch mal Fachleute zu diesen Fragen zu hören. Ich habe nur leider erlebt, daß selbst Präsidenten sich nicht durchsetzen können, wenn es darum geht, Parlamentarismus in Deutschland wieder glaubwürdiger zu machen als er zur Zeit eben ist. Eine Alternative zum Parlamentarismus haben wir ja gar nicht: Entweder hat man unmittelbare Demokratie, das kann man mit achtzig Millionen nicht machen, oder man muß repräsentative Formen finden, um dann Verzahnungen zwischen den Repräsentanten und den Bürgern zu gewährleisten. Es heißt ja so schön in Artikel 20: »Alle Staatsgewalt geht vom Volke aus«, und dann im Volksmund: »Und sie kehrt nie wieder zurück.«

Politiker – eine abgehobene Kaste

Und trotzdem – trotz der Verbeamtung, trotz des Eindrucks, daß das Parlament ein Selbstbedienungsladen des öffentlichen Dienstes ist, trotz des Umstandes, daß Politiker, anders als alle anderen Bürger, nicht wegen Bestechlichkeit bestraft werden können, daß sie sich Privilegien herausnehmen, die andere eben nicht haben, halte ich ganz altmodisch an meinem Glauben an die Vorbildfunktion fest.

Es gibt ja eine Menge sehr guter Politiker, sehr gescheite, sehr qualifizierte Politiker, das ist gar keine Frage. Aber ich denke doch, daß die Politiker zu einer abgehobenen Kaste geworden sind, die sich im wesentlichen keine Sensibilität für die Stimmung, für ihre Resonanz bei der Bevölkerung bewahrt haben, sich dieser Resonanz gar nicht bewußt sind. Das ist ein Abgehobensein von der Wirklichkeit, das auch bei den besten Politikern zur Folge hat, daß eine Entfremdung auftritt. Eine jüngste Umfrage hat zum Beispiel ergeben, daß gleich 82 Prozent der Jugendlichen bis 25 Jahre – Ost und West! – angeben, sie glauben keinem Politiker, 82 Prozent! Also, wenn da nicht die Alarmglocken schrillen, dann weiß ich nicht, wann sie eigentlich schrillen sollen.

Alarmierender Vertrauensverlust bei der Jugend

Der Vertrauensverlust wird immer größer, und das bedeutet möglicherweise eben auch, daß die Jugendlichen in Richtungen getrieben werden, die man unbedingt verhindern sollte. Da gibt es natürlich auch die Gegenargumente: Die etablierten Parteien und Politiker sagen, unsere Demokratie ist stabil, wir haben wenig Regierungskrisen, wir haben immer mehr Wohlstand, also sollen die Leute ruhig ein bißchen meckern, sie gehen im wesentlichen dann doch wieder wählen und wir werden wieder bestätigt, und das ist ja schließlich die Hauptsache. Aber daß sich etwas wie unsere immer noch junge Demokratie von innen aushöhlen kann, morsch und faul werden kann, das wird bei dieser Argumentation übersehen. Ein Parlament, das vorbildhaft wirkt mit einer guten Streitkultur und praktizierter Fairneß, das seine Kontrollfunktion in Vertretung eben des Volkes wirklich ernst nimmt, das könnte unserer Demokratie ungeheuer helfen. Da kann man nicht einfach sagen: Es geht eben nicht, also hörst du auf mit deinen Bemühungen. Man muß da weitermachen, selbst wenn es kaum Hoffnung gibt, daß man irgend etwas Wesentliches erreicht. Aber vielleicht kommt doch einmal eine Zeit ...

Aufbruchzeit der sechziger und siebziger Jahre

Wenn ich zurückblicke auf die Zeit, in der die FDP so viel bewegt hat – das Freiburger Programm von 1971 erwähnte ich bereits –, in der ich doch »deckungsgleich« war mit der Partei, dann war das auch für mich persönlich eine sehr bewegte Zeit. Nicht nur als Politikerin, sondern auch privat. 1967 habe ich ja Bayern verlassen und wurde Staatssekretärin im hessischen Kultusministerium. Zu diesem Karrieresprung und Abschied aus Bayern gehört natürlich die Vorgeschichte: die verlorenen Landtagswahlen 1966. Da war die FDP zugunsten der NPD aus dem Bayerischen Landtag herausgeflogen. Ich persönlich hatte übrigens ein hervorragendes Ergebnis hier in Oberbayern, mit doppelt so vielen Stimmen wie bei der Landtagswahl 1962. Wir haben ja dieses Wahlrecht, daß die zweite Stimme einem Kandidaten auf der Liste gegeben wird. Auf diese Weise, durch diese persönlichen Wählerstimmen, können Kandidaten, die von ihrer Partei irgendwo nach hinten plaziert werden, nach vorne gewählt werden.

Bürgerinitiative für Hildegard Hamm-Brücher

Das hat mich 1962 übrigens gerettet; da hatte mich meine Partei auf den 17. Platz der oberbayerischen Liste verräumt. Chancen, in den Landtag zu kommen, haben überhaupt nur zwei Kandidaten gehabt. Es war, so weit ich weiß, das erste Mal in unserer Geschichte der Wahlkämpfe, daß sich eine Bürgerinitiative gebildet hat – zur »Wiederwahl der Hildegard Hamm-Brücher«. Da war von meinen früheren naturwissenschaftlichen Professoren Heisenberg und Butenandt und Lynen – alle drei Nobelpreisträger, Lynen erhielt ihn 1964 – bis zu Ruth Leuwerik so ziemlich alles vertreten, was gut war und einen Namen hatte in Bayern. Ohne die Hamm-Brücher wird der Landtag ganz fad, und: der geben wir alle die Zweitstimme, wir brauchen ja nichts anderes zu tun, als viele Leute zu mobilisieren, die auf dem Platz 17 ihr Kreuz hin malen – so hieß es damals. Und dann kam noch, zehn Tage vor der Wahl, ein Brief von Theodor Heuss an diese Wählerinitiative: Wenn er ein bayerischer Wähler wäre, schrieb er, dann würde er sich auch dieser Wählerinitiative anschließen, und dann sang er ein nettes Loblied auf mich. Dieser Brief ist natürlich veröffentlicht worden, und dann war es ja klar: ich bekam mehr als doppelt so viele dieser persönlichen Stimmen als derjenige, der auf dem Listenplatz 1 stand und natürlich blamiert war.

Das Aus für die FDP in Bayern

Aber ich hatte jetzt meinen Rückhalt in der Partei, und dieses Wahlsystem hat mir dann immer mal wieder geholfen. Vier Jahre später dann, 1966, haben wir es nicht mehr geschafft. Es gab damals einen starken Rechtsruck, und die NPD zog in den Landtag ein und die FDP hinaus. Die Zehn-Prozent-Hürde in einem Regierungsbezirk, die es in Bayern gibt, die schafften wir nicht mehr.

Ich freute mich eigentlich und dachte mir, das ist ein Wink des Schicksals, daß du jetzt, nach 16 Jahren, nicht mehr in der mühseligen, für dich doch immer sehr unerfreulichen Kampfsituation mit dieser überstarken CSU bist – mach was anderes.

Ruf nach Hessen in die Bilderbuch-Sozialdemokratie

Und da kam das Angebot aus Hessen, von Sozialdemokraten, von denen ich sagen würde, das sind für mich Bilderbuch-Sozialdemokraten, die waren richtig geläutert vom Dritten Reich. Mein Kultusminister Ernst Schütte hatte nur sechs Jahre die Schule besucht und wurde dann in Wanne-Eickel ins Bergwerk geschickt. Im Arbeiterverein machte er sich ans Weiterlernen, studierte dann, einen Schritt nach dem anderen, immer irgendwie nebenher, bis in dieses Amt. Schütte ist einer der gebildetsten Menschen, die ich je kennengelernt habe.

Schütte also telefonierte mich eines Tages an, er müsse mich mal sprechen: Sie hätten sich in Hessen überlegt, ob ich nicht Staatssekretärin im Kultusministerium werden wollte. Ich hätte zwar über das hessische Schulsystem ein bißchen kritisch geschrieben – nämlich, das sei eine Parteibuchwirtschaft, sie sei unerfreulich für junge Demokraten – aber ...

Spontan habe ich erst einmal abgesagt, mit der Begründung, das könne ich mit der Familie einfach nicht, so gern ich es tun würde.

Ein Preuße zum Mittagessen bei der Familie Hamm

Zu Hause habe ich meinem Mann von diesem Angebot und meiner Absage erzählt. Und er fragte mich: »Warum hast du denn eigentlich abgesagt, bevor wir das alles gemeinsam überlegen?« Aber ich blieb dabei: »Abgesagt ist abgesagt, und nun ist es vorbei.« Schütte wiederum ließ nicht locker und rief ein zweites Mal an: Er hätte mit Ministerpräsident Zinn noch mal darüber geredet, und sie hätten beschlossen, daß es doch einen Weg geben müßte, diese Tätigkeit in Hessen für mich so zu gestalten, daß ich immer wieder einmal zusammenhängend längere Wochenenden machen könnte, mal einen Montag dazu nehmen, mal einen Freitag, wenn am Donnerstag Feiertag ist – also kurz und gut, daß ich da keine Fronarbeit leiste und abgehetzt am Samstagabend nach Hause komme. Und überhaupt, ich könne mir ja auch Akten mit nach Hause nehmen und so weiter.

Und dann marschierte er bei der Familie Hamm zum Mittagessen an. Und schloß Bekanntschaft mit Mann und Kindern und gefiel denen sehr gut, obgleich er ein echter Preuße war und mein Mann und meine Kinder ja ziemlich bayerisch sind. Aber er konnte Ludwig Thoma auswendig, was mein Mann und mein Sohn Florian auch können, und sie haben um die Wette Ludwig Thoma zitiert. Am Schluß hat mein Mann gesagt: »Also, Herr Schütte, wenn ich mir überhaupt für meine Frau so etwas vorstellen könnte, dann, daß sie nach Hessen geht.« Es war schon erstaunlich. Ich habe mit meiner Entscheidung, unter der Woche in Wiesbaden zu sein, nicht gegen meine Familie entschieden – sondern meine Familie hat gegen mein schlechtes Gewissen entschieden, sie hat mich ermutigt, es zu tun.

Natürlich hieß das doch auch ein Verzicht, ich war unter der Woche ja fort, da verpaßt man

Mit der Familie an einem Strang gezogen

einiges, von den Kindern, vom Familienleben... Aber ich bin überhaupt kein Mensch, der sich weinerlich Gedanken macht, wenn er auf was verzichtet. Ich finde Verzichten ebenso schön wie was Genießen. Verzicht ist etwas, was auch Gewinn bringt. Ohne Verzicht geht doch ein vernünftiges Leben überhaupt nicht. Aber recht schwierig war es doch.

Wir haben dann zwar in Rüdesheim, in der Nähe von Wiesbaden, einen Ponyhof entdeckt, und wenn meine Tochter in den Schulferien nach Wiesbaden kam, konnte sie tagsüber in den Ponyhof, wo sie ihre erste Reitleidenschaft entwickelt hat, und war ansonsten dann bei mir. Mein Sohn war schon immer bei Pfadfinderfahrten, der hat meine ständige Anwesenheit auch nicht mehr so gebraucht.

Aber es gab diese langen, langen Wochenenden, die wir uns wirklich schön gestaltet haben. Ich habe mich immer gefreut aufs Wochenende, und wenn dann der Zeitpunkt kam, habe ich mich auch wieder auf mein Amt ge-

Persönliches

Hildegard Hamm-Brücher ist seit 1954 mit dem Münchner Stadtrat Dr. Erwin Hamm (CSU) verheiratet. Sie haben einen Sohn, Florian, geboren 1955, und eine Tochter, Verena, geboren 1959. Hamm-Brüchers Hauptinteressen neben Sport, wie Schwimmen (einstige süddeutsche Kraulmeisterin), liegen bei Geschichte sowie Theater, Literatur und Musik.

freut. Es war eigentlich toll, und ich glaube auch, daß diese zweieinhalb Jahre in Hessen, mehr waren es nicht, gute Jahre waren.

Linksruck in der Bildungspolitik

Politisch habe ich angeknüpft an meine Arbeit in Bayern. Es war ja die Zeit der Schulreformen, die in Hessen eine sehr fortschrittliche, demokratische, chancengleiche Zielrichtung hatten. Wir wollten einfach Kindern aus allen sozialen Schichten die Möglichkeit geben, ihren Bildungsweg zu finden, ohne daß sie schon als Zehnjährige aussortiert werden: Wer darf auf die Höhere Schule, wer bleibt in der Volksschule. Und dann ging es um die Erwachsenenbildung und den zweiten Bildungsweg, über den man die Möglichkeit hat, nachzuholen, was man im ersten Anlauf nicht geschafft oder auch nicht gewollt hatte. Da konnte ich mit meiner Arbeit auch Spuren hinterlassen.

Bei meinem Weggang aus Hessen kamen mehrere Dinge zusammen: Nachdem Ernst Schütte in den Ruhestand ging und der Ministerpräsident, Georg August Zinn, sehr schwer erkrankte und '69 sein Amt, das er seit 1950 ausfüllte, niederlegen mußte, ging die ganze Schulpolitik in ein sehr linksideologisches Fahrwasser – es war ja die Zeit der Studentenunruhen –, so daß ich eigentlich gerade zur rechten Zeit nach Bonn berufen wurde.

Gesamtschulen ja, aber nicht als Regelschulen

Ich habe zum Beispiel immer gesagt, daß die Gesamtschule eine Schulform ist, die sich erst entwickeln muß, die wir ausprobieren müssen. Wir können nicht mit einem Schlag sagen: Alle Lehrer und Schüler auf die Gesamtschule! Das

Hildegard Hamm-Brücher Ende der siebziger Jahre.

kann nicht von oben dekretiert werden, sondern muß freiwillig mitgemacht werden. Wir wollten Modelle entwickeln, an denen nur Lehrer tätig sind, die auch bereit dazu sind. Philologen sind ja meistens Lehrer, die es nicht so gut finden, wenn sie kein Gymnasium mehr haben.

Ich habe jedes Jahr drei oder vier solcher Versuche auf den Weg gebracht, und ich erinnere mich noch genau an meine Abschiedsrede im Kultusministerium: »Liebe Mitarbeiterinnen und Mitarbeiter, wir haben ja gemerkt, wie schwer es ist, bitte nicht zuviel Gesamtschulen auf einmal und nicht gegen den Willen der Beteiligten und der Betroffenen.«

Und kaum war ich weg, ein halbes Jahr später, wurden fünfzig Gesamtschulen auf dem Papier errichtet, was ja dann dazu geführt hat, daß die ganze Idee einer längeren gemeinsamen Schule für alle Kinder einen Rückschlag erlitten hat. Heute wird diese Idee ganz mühsam wieder rehabilitiert, daß eine Gesamtschule den Kindern eigentlich zugute kommt und für ihr soziales Lernen sehr wichtig wäre. Damals, Ende der sechziger Jahre, wurde nicht pädagogisch, sondern alles marxistisch begründet, und das hat den harten Widerstand des Bürgertums, des konservativen sowieso, auf den Plan gerufen und der Reformidee sehr geschadet. Aber so läuft es halt manchmal. Ob die eigenen Spuren, die man damals gelegt hat, dann noch zu entdecken sind?

Schlagwort Chancengleichheit

Die gleiche Frage kann man auch zu einem weiteren Schlagwort aus der Zeit stellen, der Chancengleichheit, und ich glaube nicht, daß Chancengleichheit in unserem Bildungssystem verwirklicht ist. Wir haben zwar einen viel größeren Anteil von Kindern, die eine bessere Schulbildung haben, als sie das früher hatten. Aber es gibt ja interessante Untersuchungen, wenn Kinder scheitern, zum Beispiel am Gymnasium. Die Kinder aus wohlhabenderen Familien und denen mit akademischem Hintergrund werden fast alle durch das Gymnasium geschleppt. Dann bleiben sie ein- oder zweimal sitzen, wechseln das Gymnasium oder bekommen wahnsinnig viel Nachhilfeunterricht. Es gibt kaum ein Mittel- und Oberschichten-Kind, das nicht irgendwann seine Höhere Schule abschließt. Wenn allerdings ein Kind unterhalb der Mittelschicht den Sprung in die Höhere Schule geschafft hat und dann nicht gleich mit guten Noten vorankommt, dann nehmen die Eltern es sofort raus. Sie haben keine Möglichkeit für Nachhilfe, für Privatschulen, sie können den Kindern auch fachlich nicht helfen, was ja sehr wichtig ist. Meist haben die Kinder auch keinen ruhigen Platz, um Hausaufgaben zu machen. So gesehen haben wir zwar im Trend mehr Chancengleichheit als früher, aber innerhalb des Systems haben wir unendlich viel Ungerechtigkeit. Und das gilt noch mehr für ausländische Kinder. Bis ein türkisches Kind in einer weiterführenden Schule wirklich gut vorankommt, muß es schon sehr viel besser sein als ein deutsches Kind, das gut zurechtkommt. Chancengleichheit ist und bleibt also eine Aufgabe.

Schulsystem der DDR

Deshalb habe ich das auch sehr bedauert und versucht, dagegen anzugehen, daß dieses ganze DDR-Schulsystem einfach in den Abfalleimer geworfen wurde. Da gehört es nur insoweit hin, als es wirklich ideologisiert war und einseitig. Alles, was Indoktrination war, mußte weg. Aber die Idee, daß Kindern eine gemeinsame Schulzeit möglichst länger als vier Jahre, sechs Jahre oder sieben Jahre gegönnt werden muß, die finde ich wichtig. Auch polytechnischen Unterricht finde ich ganz wichtig. Ich finde zum Beispiel auch die pädagogische Idee gut, die nachher pervertiert wurde, daß eine Lehrerin belohnt wurde, wenn in der Klasse niemand sitzen geblieben ist. Das heißt doch nichts anderes, als daß die Lehrerin verpflichtet war, dazu beizutragen, daß kein Kind hinterherhinkt, verpflichtet war, ihm zu helfen, ebenso wie die Klassengemeinschaft als Ganzes helfen mußte. Das ist doch eine richtige pädagogische Idee, die übrigens in Waldorfschulen, also in anthroposophischen Schulen, praktiziert wird. Da bleibt kein Kind von der ersten bis zur zwölften Klasse sitzen. Und von der pädagogischen Erfolgsstrategie her ist das die einzig richtige; und nicht die Drohung: mit so und soviel Fünfen bleibst du sitzen, was dann die ganze Familie beeinträchtigt, wo gestraft wird mit Liebesentzug und all das – all diese Katastrophen, die sich dann abspielen. Insoweit ist der Pädagogisierungsbedarf für unsere Schulen nach wie vor groß.

Bildungsauftrag der Schule

Das Bildungsziel, für das ich eintrete, ist weit mehr als Wissensvermittlung, es umfaßt das ganze Menschsein, auch wenn das jetzt eine große Vokabel ist. Aber sie ist zutreffend und auch einzufordern. Daß alle Schulleistung nur Kopfleistung sein soll, das ist ja ganz falsch. Was geschieht mit den vielen künstlerischen, kulturellen, sozialen, politischen Begabungen bei Kindern und jungen Menschen, oder den sogenannten Spätentwicklern, bei denen auf einmal die erstaunlichsten Dinge nachkommen können? Das ist doch wirklich in unserem öffentlichen Schulsystem eine Schande. Und es ist eine Schande, daß unsere Schule so wenig dazu erzieht, es also einübt und ermöglicht, demokratisch zu leben. Nach wie vor existieren diese komisch antiquierten Schülermitbestimmungseinrichtungen, für ein Schulfest oder so etwas, und das soll's dann sein?

Förderprogramm »Demokratisch Handeln«

Eigentlich soll man in einer Schule sofort merken, hier werden junge Menschen zur Demokratie befähigt. Das kann man mit den einfachsten Sachen erproben, man muß sich nur einmal in englischen Kindergärten und Schulen umsehen. Es ist immer ein System, das sich bewußt ist, ein kleines Modell der Gesellschaft zu sein, die man nachher haben will. Damit verglichen haben wir Riesendefizite. Darum hab' ich bei meiner Heuss-Stiftung ein zweites Bein entwickelt, das ist ein Förderprogramm für Schulen und Schüler und heißt »Demokratisch Handeln«. Dafür können sich jährlich Schüler und Schulen bewerben mit ihren Modellen zur Entwicklung und Entfaltung von Demokratie in der Schule. Das geht vom Umweltschutz bis zum Engagement für behinderte Mitschüler. Das ist etwas, was nur gefördert werden kann und viel zu wenig gefördert wird. Darum mach ich das auch im Ruhestand noch weiter.

Gefördert werden müßte auch der Einfluß der Schule – und des Elternhauses! – gegen dieses Aufputschen der Kindergemüter durch die Medien, durch Gewalt und Pornographie. Dies, neben dem auch verhängnisvollen Leistungsdruck, sind die eigentlichen Geheimerzieher, die uns unsere Kinder so kaputt machen. Da kann der Staat nicht reglementierend eingreifen, und das soll er auch nicht. Deshalb ist es so nötig, die

Gegenkräfte von Elternhaus und Schule zu wecken und zu mobilisieren.

Neues Schulfach: Gegenkräfte wecken

Ich habe schon in meiner hessischen Zeit den Vorschlag gemacht, pro Woche mindestens eine Schulstunde anzusetzen, in der kein Fach gegeben wird, sondern in der die Kinder erzählen können, was sie so erlebt haben, was sie beschäftigt, was sie vielleicht auch im Fernsehen gesehen haben, was sie auch politisch mitbekommen haben. Wo der Lehrer versucht, den Kindern zu helfen, mit all diesen Eindrücken und irgendwie zurechtzukommen. Ich glaube, das wäre ein wichtiges neues Element in unserer Schule. Ich will's gar nicht als Fach bezeichnen, aber als eine Aufgabe der Schule. Da könnten auch Eltern zum Beispiel dabei sein, die den Kindern ja auch helfen sollen und wollen, mit all dem fertig zu werden, womit sie ja nicht fertig werden. Womit letztlich auch die Eltern nicht fertig werden, die Gesellschaft nicht. Das drückt sich dann in diesem viel beschworenen Werteverlust aus, der wiederum dazu führt, daß man sagt: Du mußt hart sein, und nur wenn du stärker bist als der andere, hast du Erfolg. Das sind die Früchte unseres Systems, die auch drüben in unseren neuen Bundesländern sehr mit Recht in Frage gestellt werden.

Staatssekretärin in Bonn

Die Bewährungsprobe für meine Schulreformideen, die ja in meiner hessischen Zeit, wie erzählt, quasi nach hinten losgingen, die kam dann, als ich im November '69 als Staatssekretärin ins Bonner Bildungs- und Wissenschaftsministeriums berufen wurde. Auch das war noch zur Zeit der Außerparlamentarischen Opposition. In dieser Zeit bin ich richtig zwischen alle Stühle geraten.

Damals ist ja durch eine Grundgesetzerweiterung in der kurzen Zeit von '66 bis '69 der Großen Koalition zwischen SPD und CDU ein neuer Verfassungsartikel 91b zustande gekommen – nämlich, daß Bund und Länder bei der Bildungsplanung zusammenwirken. Das hat es ja bis dahin überhaupt nicht gegeben. Aber es dämmerte den Politikern: das läuft uns alles weg, die Studentenunruhen, die versäumten Reformen... Es wurde also eine Gemeinschaftsaufgabe »Bildungsplanung« ins Leben gerufen. Die war, als ich mein Amt antrat, gerade in Kraft getreten, aber noch in keiner Hinsicht umgesetzt.

Bildungsgesamtplan bis zum Jahr 2000

Ich hatte dann die Idee, einen Bildungsgesamtplan, so hieß es damals, aufzustellen, wie wir uns bis zum Jahr 2000 die Entwicklung unserer Bildungseinrichtungen vorstellen. Das konnte ich mir natürlich nicht aus den Fingern saugen. Aber es gab den Deutschen Bildungsrat – ein Gremium aus Experten und Regierungsmitgliedern von Bund und Ländern, der die Vorarbeit geleistet hat. Ich habe damals einen sehr gerühmten und viel diskutierten Bericht der Bundesregierung für den Bildungsgesamtplan geschrieben. Der wurde im Bundestag diskutiert und fand auch im großen und ganzen Zustimmung. Ziel war es, endlich dieses Abschotten der Bundesländer mit ihrer Schul- und Hochschulpolitik zu überwinden und mehr Zusammenarbeit, mehr Austausch zu erreichen, und mehr politischen Willen zu demonstrieren, was eine Gesellschaft auf diesem Gebiet zu leisten hat.

Der erste Hochschulrahmengesetzentwurf

Dann habe ich den Hochschulrahmengesetzentwurf auf den Weg gebracht. Ich wollte Hochschulen haben, die gestuft sind, wo Studenten nach zwei Jahren, nach drei, nach vier, nach sechs Jahren Qualifikationen haben, mit denen sie in einen Beruf gehen könnten. Das war damals eine neuartige Idee, in die meine Amerikaerfahrung eingeflossen ist. Ich fand, daß es Wahnsinn ist, jemanden sechs, acht, neun Jahre studieren zu lassen, ohne daß man weiß, was man nachher eigentlich machen soll. Dieses Vorhaben ist dann insoweit gescheitert, als die Länder, die CDU-regiert waren oder in Bayern CSU-, auf einmal merkten, daß sie der Bundesregierung, der sozial-liberalen, der vielgeschmähten und vielgehaßten sozial-liberalen Koalition, Schwierigkeiten bereiten können, wenn sie da nicht mitmachen. So bröckelte die anfängliche Konsensbildung, die ich bis etwa '72 so plus-minus aufrechterhalten konnte. Sie bröckelte weiter, nachdem das niemand mehr richtig weitergemacht hat nach meinem Weggang aus Bonn 1972.

Dann gab es noch einmal einen Versuch der FDP, über eine neuerliche Grundgesetzänderung mehr Zuständigkeit für den Bund zu erreichen, und das ist kläglich gescheitert. Niemand hatte eigentlich ein Konzept, wie sich die Bundesrepublik auch im Zuge des europäischen

Zusammenwachsens dem Wettbewerb der Bildungssysteme stellen könnte – mit elf Ländern mit einem jeweils anderen System.

Bildungssysteme im Ländervergleich

Wir standen damals im Vergleich in der Tat nicht gut da: Ein OECD-Examen Anfang der 70er Jahre über die Bildungssysteme der Mitgliederländer zeigte, daß die Bundesrepublik bei weitem die wenigsten Arbeiterkinder an Universitäten hatte, daß wir bei weitem die längsten Studienzeiten hatten und mit Abstand die wenigsten Frauen im weiterführenden Schul- und vor allem im Hochschulbereich, wir hatten mit Abstand die wenigsten Wissenschaftlerinnen und Professorinnen. Dieses Länderexamen mußte ich dann für die Bundesrepublik vertreten, zusammen mit dem Vorsitzenden der Kultusministerkonferenz, Bernhard Vogel. Wir hatten es schwer, uns zu rechtfertigen, weil ich ja aus vollem Herzen einverstanden war mit der Kritik und gemeint habe, wir kämen mit dieser Kritik wieder ein Stück weiter.

Pädagogische Provinzen der Bundesrepublik

In meinen Landtagsjahren in Bayern, bevor ich nach Hessen ging, hatte ich bereits begonnen, herumzureisen, um mir Schulen und Bildungssysteme anzusehen. Ich war neugierig, wie es die anderen Bundesländer machen. Daraus ist meine große ZEIT-Serie entstanden: *Reise durch die pädagogischen Provinzen der Bundesrepublik*, die ich dann auch in einem kleinen Buch zusammengefaßt habe. Als ich nun alle pädagogischen Provinzen der Bundesrepublik kennengelernt hatte, dachte ich: Guck doch mal, wie es bei den europäischen Nachbarn aussieht. Dann habe ich

Hildegard Hamm-Brücher (ganz links) im Kreis von Willy Brandts »Kabinettfrauen«.

von der Sowjetunion bis Skandinavien Reisen gemacht und Berichte geschrieben – das ist dann 1967 ein weiteres Buch geworden: *Aufbruch ins Jahr 2000*. Darin habe ich die positiven Seiten unseres Schulsystems zwar durchaus auch gewürdigt, aber die mangelnde Offenheit für die Zukunftsaufgaben anhand dieser Vergleiche ganz klar herausgestellt.

Dieses Buch ist, ich will nicht gerade sagen, ein Klassiker geworden, aber in der vergleichenden Schulreformdiskussion wird es heute noch zitiert. Es hat zudem eine Auflage von hunderttausend erreicht, was damals ganz ungewöhnlich war.

Politischer und menschlicher Reichtum der Ära Brandt/ Scheel

Auch als Staatssekretärin saß ich nicht in einem Elfenbeinturm und habe Bildungsplanung gemacht und mich in irgendwelchen Gremien herumgestritten. Nein, das war die große Aufbruchzeit. Das Modell Willy Brandt und Walter Scheel hatte für uns eine große Faszination. Ich konnte durch die Heuss-Preis-Stiftung mit dazu beitragen, daß Gustav Heinemann eben durch diesen Preis näher an die Liberalen heranrückte, daß er '69 zum Bundespräsidenten gewählt wurde. Ich hatte viele Freunde und Menschen, mit denen ich gerne zusammen war und die alle am gleichen Strang zogen, und es war eigentlich vom menschlichen Reichtum her die wichtigste Zeit. Ich glaube nicht, daß das zu kurz gekommen ist. Aber gerade durch meine kirchlichen Bindungen, durch meine vielen Interessen in kulturellen Gebieten waren Freunde und Menschen, die ich bewundert habe, schon immer sehr wichtig. Von Anfang an und bis heute.

Rückkehr in den Bayerischen Landtag

1970, als die nächsten Landtagswahlen in Bayern anstanden und die FDP bei mir anfragte, ob ich zur Verfügung stünde, habe ich mich wieder einmal ins Wahlkampfgetümmel gestürzt. Seltsamerweise ist Wahlkampf für mich immer etwas Beflügelndes gewesen. Ich habe das gar nicht besonders routiniert oder mit einer ausgeklügelten Strategie betrieben, es hat mir einfach Freude gemacht, in kleineren, eher improvisierten Begegnungen mit Wählerinnen und Wählern darzulegen, was mir gerade in diesem Moment und in diesem Jahr 1970 wichtig war und wofür ich mit Leib und Seele stand. Das war damals der Beginn der sozial-liberalen Koalition mit dem großen, großen Hoffnungsfunken, daß nun die versäumten innenpolitischen Reformen nachgeholt werden könnten, daß jetzt Entspannungspolitik, Aussöhnungspolitik auch mit den kommunistischen östlichen Blockstaaten beginnen könnte.

1970: Krisenjahr mit Hoffnungsfunken

Das hat ja die Bürger in einem Grade in Bewegung gebracht, wie vorher noch nie etwas und nachher auch nichts mehr – bis zur Vereinigung. Ich habe auch nie so viel Sympathie erlebt für die Parteien, die für diese Politik standen – natürlich auch Ablehnung im anderen Lager. Aber uns liefen nun wirklich mit großer Zustimmung die Wählerinnen und Wähler zu. Für die FDP allerdings war 1970 ein Krisenjahr.

Wir waren durch diese sozial-liberale Koalition, die vielen Wählern nicht gepaßt hat, in drei Landtagen herausgefallen. Und unser damaliger FDP-Vorsitzender Walter Scheel hat gesagt: »Liebe Hildegard, in Bayern seid ihr schon raus, da kann's eigentlich nicht schlimmer werden, und es darf nicht schlimmer werden, versuchen Sie's.« Ich wurde dann in Mittelfranken aufgestellt, das war und ist die liberale Hochburg in Bayern – eine Region, die ich eigentlich noch gar nicht kannte, ich war ja Münchner Abgeordnete gewesen.

In Mittelfranken habe ich 28 Wählerinitiativen zu meiner Unterstützung gehabt, die Partei hatte keinen Pfennig Geld mehr. Wir fuhren mit Fahrrädern und mit kleinen, alten, aus-

Politische Ämter von 1967 bis 1976

1967 – 1969: Staatssekretärin im Hessischen Kultusministerium;
1969 – 1972: Staatssekretärin im Bundesministerium für Bildung und Wissenschaft, Rücktritt im Mai 1972;
(1970: Wiedereinzug der FDP in den Bayerischen Landtag. Wahlerfolg als Spitzenkandidatin in Mittelfranken mit 12,6 % und 102 502 persönlichen Stimmen);
1972 – 1976: Fraktionsvorsitzende der FDP im Bayerischen Landtag, ebenso Stellvertretende Bundesvorsitzende der FDP;
3. Oktober 1976: Wahl in den Deutschen Bundestag über die Landesliste Bayern.

Hildegard Hamm-Brücher 1970 im Wahlkampf in Nürnberg.

gedienten Autos herum, es war ein Riesenspaß, und der Slogan hieß: »Hildegard Hamm-Brücher zum Kultusminister«. Daß ich das je schaffen würde, war völlig ausgeschlossen, aber die Idee, daß diese Frau Hamm-Brücher gegen den stockkonservativen amtierenden Kultusminister antritt, das hat vor allem Studenten begeistert. Kurz und gut, es war mein erfolgreichster Wahlkampf, ich habe in Mittelfranken weit über hunderttausend persönliche Stimmen bekommen. Wir waren bravourös über die Zehn-Prozent-Hürde gekommen und saßen wieder im Landtag.

Auf der anderen Seite war der Wahlsieg für mich bitter, denn ich stand nun vor dem Kon-

Hoher Wahlsieg in Mittelfranken und Abschied von Bonn

flikt: in Bonn beamtete Staatssekretärin, in Bayern soeben als Wahlsiegerin natürlich den Wählern verpflichtet, auch dieses Mandat nun auszuüben. Was sollte ich tun? Na, zwei Jahre habe ich versucht, beides zu machen, aber das war hoffnungslos, und es war auch das einzige Mal eigentlich in all den Jahrzehnten, daß mein Mann ein Machtwort gesprochen hat und gesagt hat, nun mußt Du Dich entscheiden.

Die Vorstellung wäre natürlich ganz falsch, daß mein Mann zu Hause ein CSU-Mitglied gewesen wäre. Zu Hause waren wir ganz normale erwachsene Menschen, die sich über allerlei Dinge auch mal gestritten haben, auch über Politik, das soll ja vorkommen. Daß Mann und Frau oder auch irgendeine Partnerschaft in der Politik unterschiedliche Meinungen haben und sie austragen, halte ich für ganz selbstverständlich.

Das Ehepaar Hamm-Brücher: als Demokraten auf der gleichen Seite

Meine starke politische Gemeinsamkeit mit meinem Mann war von Anfang an – und in der Anfangszeit war das entscheidend –, daß wir beide fanatische Antinazis, also überzeugte Gegner des Nationalsozialismus waren, und darum begeistert über diese Chance der Demokratie. Da standen sich Leute in unterschiedlichen Parteien viel näher, als das heute üblich ist. Und im übrigen ist mein Mann mindestens so liberal wie ich, wenn auch ein bißchen konservativer gestimmt. Wir haben das dann so stehen lassen, oder auch mal nicht über ein Thema gesprochen, wenn wir unterschiedlicher Meinung waren oder wenn ich gerade mal genervt war.

Hildegard Hamm-Brücher mit ihrem Ehemann Dr. Erwin Hamm, 1985 in München.

Ich habe mich nach seinem »Machtwort« natürlich für Bayern entschieden und mußte das schöne Amt in Bonn aufgeben. Wo nun gerade Bildungsplanung und Hochschulgesetzgebung ein bißchen vorangegangen waren. Der Abschied ist mir schwergefallen.

Bayern 1972 – '76: eine bittere Bilanz

In Bayern wurde ich dann Ende Mai 1970 Fraktionsvorsitzende, zum ersten Mal, und auch als erste Frau überhaupt. Trotzdem – und das habe ich auch so in meinem Buch *Kämpfen für eine demokratische Kultur* formuliert: Es waren, um die Bilanz vorwegzunehmen, die erfolglosesten, lustlosesten und unergiebigsten meines politischen Lebens. Wie kam es dazu? Ich denke heute, daß es sicher nicht gut war, wenn man schon einmal, wie ich damals, 16 Jahre im Bayerischen Landtag gekämpft hat und sich in dieser hoffnungslosen Minderheitenposition befunden hat, nach vier Jahren in den Landtag zurückzukehren und noch mal da anzufangen, wo man sich schon verabschiedet hatte. Die Probleme waren im Grunde so läppisch und die Streitereien in der Landespolitik im Grundtenor so wenig politisch, daß ich einfach auch von meiner inneren Einstellung her nicht mehr die gleiche Identität eingebracht habe wie zuvor. Wir haben dann vieles versucht auf die Beine zu stellen: ein Schülermitbestimmungsgesetz – runtergefallen, ein neues Berufsschulgesetz – runtergefallen, viele Fraueninitiativen – alles runtergebügelt.

Landtagspolitik ade – ein für allemal

Und dann hab' ich 1976 die Chance bekommen, für den Bundestag zu kandidieren, die ich mit beiden Händen ergriffen und dem Bayerischen Landtag dann auch ein für allemal ade gesagt habe.

Es gab auch vom Menschlichen her immer Spannung, und mein Zorn, der ja ein ständiger Begleiter in meinem politischen Leben gewesen ist – ich konnte dann gelegentlich ungerecht sein –, hat mir oft geschadet. Auch ist es mir nicht sehr gut gelungen damals, mit meinen Kollegen in der Fraktion zurechtzukommen. Ich war wohl zu ungeduldig, wenn die eher langsamer wollten und nicht so wirklich in offene Opposition zur CSU gingen, das soll's ja geben. Ich denke, die Männer fühlten sich auch gar nicht wohl unter meiner Stabführung. Ich könnte mir vorstellen, daß viele Leute, die nachträglich über mein Wirken reden, sagen, ich wäre halt immer oder zu oft einfach nicht bereit gewesen, irgendwelche Kompromisse zu machen oder klein beizugeben oder so. Das muß man auch in der Politik.

Persönliche Schwächen und Stärken

Rückblickend weiß ich nicht, ob ich sagen kann, ich bedauere es, aber ich denke mir, daß eine Politikerin, wenn sie ernsthaft vorhat, sich einzumischen, richtig, nicht nur am Rande irgendwo mitzumachen, versuchen muß, solche Empfindungen so weit zurückzuschrauben oder sie zu überwinden, daß es der Sache und auch ihr selber nicht abträglich ist. Emotionalität kann durchaus produktiv sein, sie muß auch mal sein, aber wenn es so weit geht, daß sie eigentlich an der eigenen Wirkungsmöglichkeit nagt, dann kann es am Ende dazu führen, daß man aufhören muß.

Dann gibt es bei mir aber auch die andere Seite, die Stärke. Ich glaube, meine Stärke liegt darin, daß ich eine Grundmotivation über vierzig Jahre durchgehalten habe, und das ist die Grundmotivation: in Deutschland darf die Demokratie nicht mehr scheitern, in Deutschland muß Menschlichkeit und Gerechtigkeit die oberste Devise für alle Politik sein. Diese Motivation hat mir unglaublich viel genützt, weil ich, wenn man den Wald vor lauter Bäumen nicht mehr gesehen hat, ihn immer wiederentdeckt habe. Das hat, glaube ich, mir auch in der

Öffentlichkeit auf die Dauer mein Image eingebracht: Die steht für was, und dafür steht sie dann ein. Ich glaube, das ist eine Stärke, die junge Menschen heute schon deshalb nicht mehr haben können, weil sie ja in eine schon strukturierte Demokratie hineinwachsen und alles schon so abgeschliffen ist, daß diese kreativen Gestaltungsmöglichkeiten nicht mehr in dem Sinne vorhanden sind.

Diese Möglichkeiten damals hätte ich persönlich natürlich auch noch mal ganz anders ausschöpfen können, aber ich glaube, daß ich viel zu wenig ehrgeizig war, was meine persönliche Karriere betraf. Ich hätte mir einfach bewußter sagen müssen, daß man bis an die Spitze kommen kann, wenn man ehrgeizig auch in der Person ist. Aber daß ich in der Sache immer ehrgeizig war, das halte ich für eine meiner Stärken: Daß ich Dinge bis auf den Grund aufgearbeitet habe – ob das die Bildungspolitik war oder später die Außenpolitik, und die Aufgaben, die mir da aufgetragen worden sind, oder ob das meine Systematik und mein Prinzip betrifft, die Sachen, die ich mache, von Grund auf zu kennen und mir da nichts irgendwie von anderen nachsagen zu lassen. Das ist mein Ehrgeiz gewesen, und den hab ich eigentlich heute noch.

Erfolg und Charisma

Erfolg hängt aber nicht nur an Ehrgeiz. Ein Politiker zum Beispiel, der sich und seine Sache nicht darstellen kann, kann keinen Erfolg haben. Das, was Max Weber das Charisma genannt hat, ist eine ganz, ganz wichtige Voraussetzung für den erfolgreichen Politiker, aber das hat nichts zu tun mit der heutigen, sag ich mal ganz unfein, Geilheit, in die Medien zu kommen, sich dauernd in den Nachrichten erwähnt zu hören. Das ist eine Form der Publizitätssucht, die so überhand nimmt, daß man das am Schluß als den wichtigsten Teil einer politischen Tätigkeit ansieht. Nur der Politiker erwirbt Respekt, der dauernd irgendwo in den Medien vorkommt und sich da breitmacht. Von daher gesehen ist es eine schlimme Verflachung des Berufs des Politikers. Dabei habe ich ja wirklich mit so vielen renommierten und großartigen Kollegen zusammengearbeitet, ich persönlich muß mich da gar nicht beklagen.

Kollegen zum Maß nehmen

Zu Heuss bestand ja wirklich dieses Meister-Schülerin-Verhältnis, mit unheimlich viel Respekt und Hochachtung vor seiner Autorität, die ich nie angezweifelt habe. Im Laufe der Jahre ist der Umgang mit Männern in der Politik von meiner Seite jedoch normaler, unbefangener geworden. Auch Gustav Heinemann war für mich in den sechziger Jahren, in den siebziger Jahren ein Politiker, an dem ich Maß genommen habe. Das war auch so ein aufrechter, knorriger, auch in seinem Glauben gefestigter Politiker, der auch für die junge Generation damals sehr überzeugend war.

Jemand wie Helmut Schmidt, den ich ja nur als Kanzler näher kennengelernt habe, hat mir deshalb imponiert, weil er so unglaublich sachkundig war. Seine Widerborstigkeit und seine auch manchmal überhebliche Rüffelei kamen einfach daher, daß er es nicht ertragen konnte, wenn andere schlapp waren, müde waren, nicht informiert waren. Wenn er in der Kabinettssitzung saß und einen dabei ertappte, daß er nicht einmal seine eigenen Akten gelesen hatte, dann konnte er denjenigen ziemlich rannehmen. Auch bei mir hat er das ein paar Mal versucht, aber dann nicht mehr. Nach zwei oder drei solcher Rempeleien haben wir Frieden geschlossen und sehr, sehr gut zusammengearbeitet.

Bis heute erinnern wir uns gern an diese Zusammenarbeit, so daß Helmut Schmidt auch in seiner großen Kompetenz, die sich ja nicht wiederholt hat, für mich ein ganz wichtiger Politiker war. In meiner eigenen Partei liegen die menschlichen Freundschaften eigentlich in der Etage der Bundestagsabgeordneten, von Lieselotte Funke bis Gerhart Baum und Burkhard Hirsch oder Wolfgang Lüder, das sind die Leute, bei denen es so war – und das ist sehr schwer durchzuhalten. Wenn man in der Politik zusammenarbeitet und es sehr viele Meinungsverschiedenheiten gibt, wenn dennoch die persönlichen, freundschaftlichen Bindungen unbeschädigt bleiben, das ist schön.

Die Bonner Jahre – Staatsministerin im Auswärtigen Amt (1976–1982)

Ein besonderes Verhältnis hatte ich natürlich zu Hans-Dietrich Genscher. Er hat mich, die ich ein absolutes Greenhorn war, ins Auswärtige Amt geholt! Ich hatte von Außenpolitik wirklich keine Ahnung und habe zunächst mal damit angefangen, die Hauptstädte der jungen entkolonialisierten afrikanischen Staaten auswendig zu lernen und auf der Landkarte zu gucken, wo denn das eigentlich liegt.

1976: Diplomatie von der Pike auf lernen müssen

Ich habe überhaupt nicht gewußt, wie Diplomatie funktioniert; ich habe anfangen müssen, ganz mühsam die ganzen Telegramme durchzulesen, die da tagtäglich von den Botschaften kommen. Ich bin regelmäßig in die Direktorenbesprechung gegangen. Das war eben wieder mein Ehrgeiz, ich lernte von der Pike auf, und Herr Genscher hat das sehr honoriert, daß ich nicht so eine Art Frühstücks-Staatsministerin gewesen bin, sondern sehr, sehr ernsthaft eingestiegen bin.

Natürlich gibt es dann auch Erinnerungen an Ereignisse, die unsere Beziehung später sehr belastet und beinahe endgültig zerstört haben – das war das Mißtrauensvotum gegen Helmut Schmidt und das Verfahren des Koalitionswechsels, das ich, wie schon erwähnt, unerträglich gefunden und bis heute nicht verkraftet habe. Darüber sind unsere Beziehungen wirklich fast zu Bruch gegangen, aber wir haben – und das ehrt, glaube ich, uns beide – nach einigen Jahren die Kraft aufgebracht, erstens miteinander zu sprechen und zweitens wieder neu anzuknüpfen. Heute haben wir eigentlich wieder dieses nette persönliche, freundschaftliche Verhältnis, daß ich ihm auch immer wieder mal außenpolitisch helfen kann: Er schickte mich jüngst zur UNESCO-Konferenz nach Prag, und bei Besprechungen über auswärtige Kulturpolitik werde ich hinzugezogen, werde auch um meinen Rat gefragt bei Auslandschulen und Goethe-Instituten. Das ist doch ein Zeichen, daß beides intakt ist: sein persönliches Vertrauen und das in meine Kompetenz. Das ist schön, denn das ist bei einer solchen Vorgeschichte mit all den Belastungen selten.

»Keine Kulturtante, sondern Außenpolitik«

Vor allem die Kontinuität meiner politischen Arbeit bis heute ist für mich eine schöne und wichtige Sache. Gleich als ich anfing im Auswärtigen Amt, kniete ich mich ja hinein in das, was dann später »meine« auswärtige Kulturpolitik geworden ist. Genscher gab mir damals, das war in Zusammenhang mit der Arbeit der Goethe-Institute im Ausland, für mich unvergessen auf den Weg: »Werden Sie nicht nur Kulturtante, sondern machen Sie auch Außenpolitik.«

Zunächst aber hieß es: Reisen. In afrikanische und asiatische Länder, wobei ich Lateinamerika fast ganz ausgeklammert habe, weil ich keine lateinamerikanische Sprache spreche und es sehr wichtig finde, daß man ohne Dolmetscher mit den Gastgebern und Partnern sprechen kann – zumindest auf englisch oder französisch. Jedenfalls war ich von Mal zu Mal, und je intensiver ich dann jeweils auch vorbereitet war, entsetzter über die völlig falschen Wege, die die Entwicklungspolitik der Industrieländer gegangen ist. Entsetzt war ich über die völlige Vernachlässigung der kulturellen, religiösen, geistigen Wurzeln der sogenannten Entwicklungsländer. Heute ist die Überwindung der eurozentrischen Sicht in kulturellen Dingen ja All-

Politische Laufbahn von 1976 bis 1994

1976 – 1991: Mitglied des Bundestages;
1976 – 1982: Parlamentarische Staatssekretärin mit dem Titel »Staatsminister« im Auswärtigen Amt;
1981: Erste Koordinatorin für die deutsch-amerikanischen Kulturbeziehungen;
17. 9. 1982: Austritt aus der Regierung nach dem Auseinanderbrechen der sozial-liberalen Koalition;
1982 – 1990: Arbeit als Abgeordnete des Deutschen Bundestages mit dem Schwerpunkt Außenpolitik;
seit 1984: Initiatorin und Sprecherin der überfraktionellen »Initiative Parlamentsreform«;
1985 – 1991: Mitglied der 7. EKD-Synode: Rückkehr in den Bundesvorstand der FDP und den bayerischen Landesvorstand;
September 1990: Abschiedsrede im Bundestag, Ausscheiden aus der aktiven Politik zum 1.1.1991;
1994: Kandidatin für das Amt des Bundespräsidenten.

gemeingut, aber in den siebziger Jahren mit solchen Erkenntnissen nach Bonn zu kommen, das war ja schon beinahe Verrat an der eigenen Regierung und Nestbeschmutzung und solche Dinge mehr.

Kultur: die dritte Dimension der Außenpolitik

Das hat mir viel Ärger gebracht und mich auch über lange Strecken daran zweifeln lassen, ob ich eigentlich noch am richtigen Platze bin, wenn ich da nicht wie die Ruferin in der Wüste, sondern eher wie eine Spinnerin angesehen wurde. Dennoch – ich hab all meine Überlegungen zu einer Neuorientierung in diesen Dingen aufgeschrieben, das waren die *Zehn Thesen zur auswärtigen Kulturpolitik zur Zusammenarbeit mit Entwicklungsländern*.

Stichwort Industrialisierung zum Beispiel: Ich habe immer gesagt, man darf die Menschen nicht einfach entwurzeln, man darf sie nicht in ein neues Industriewerk, eine Düngemittelfabrik, eine Stahlfabrik verpflanzen und aus ihren Dörfern entwurzeln, weil sie woanders ein paar Rupien mehr verdienen. Man muß sie in ihren Schulen, in ihren Familien lassen, muß ihnen ihre ganzen kulturellen Traditionen lassen und irgendwie die Infrastruktur dafür auch anbieten und nicht nur Fabriken und irgendwelche armseligen Hütten. Daß diese Art Hilfe für Entwicklungsländer nicht funktioniert, ist klar. Denn sowie wir Europäer weggehen aus diesen Projekten, fallen sie zusammen, sind buchstäblich nur noch Ruinen.

Auch wenn es wieder eine Forderung ist, mit der ich mich unbeliebt machen könnte – ich

Hildegard Hamm-Brücher mit Hans-Dietrich Genscher, 1973.

meine und meinte auch damals schon, wir sollten die personale und technische Zusammenarbeit darauf aufbauen, daß die Partnerländer bestimmen, welche Schritte sie in welche Richtung machen. Und nicht umgekehrt, daß wir ihnen sagen: so und so muß das und das gemacht werden, Punkt. Heute berufen sich viele darauf, daß ich eben damals schon diese Einsicht gehabt habe. Übrigens ist das nicht bei mir persönlich so, das ist ein Phänomen in der Menschheitsgeschichte: Die ersten werden zunächst einmal in die Wüste gewünscht, früher sogar auf den Scheiterhaufen geschickt, für etwas, das sich später doch als richtig herausgestellt hat.

Max Webers Leitsatz für Politiker

In diesem Zusammenhang der »Weltverbesserung« kann ich nur auf den wunderbaren Essay *Politik als Beruf* von Max Weber erinnern, der jungen Leuten gesagt hat: Ich sehe Sie vor mir und möchte Sie in zwanzig oder dreißig Jahren wiedersehen und dann wissen, ob Sie dann noch bereit sind, die Welt zu verändern. Denn nur wer dann noch »ja« sagt, der hat den Beruf zur Politik. – Das sollte jeder auswendig lernen, der in die Politik geht! Man kann heute natürlich Politik als Broterwerb und als Karrierewunsch machen, und viele haben damit auch Erfolg, aber wenn man nicht mit einer gewissen Leidenschaft neben dem Augenmaß und der Vernunft den Menschen dienen möchte, wenn man also nicht eine Art Mission hat, dann soll man's lieber nicht machen. Bezogen auf die auswärtige Kulturpolitik war das ganz Entscheidende, daß ich mich auf die Arbeit meines Vorgängers, des Soziologen Ralf Dahrendorf, beziehen und dort weitermachen konnte – einmal abgesehen von der immerhin gewaltigen hundertprozentigen Erhöhung des Etats für Internationale Kulturbeziehungen, das war natürlich in Mark und Pfennig sehr schön. Aber das Entscheidende waren Dahrendorfs Thesen, die letztlich den Grundstein gelegt haben dafür, daß ich das ganze auswärtige Konzept der Kulturpolitik umgekrempelt habe. Und zwar weg von der Exportidee, deutsche Kultur in die Welt zu versenden, um gute Stimmung für uns zu machen, das schlechte Bild der Deutschen nach dem Zweiten Weltkrieg eben über Musik und Literatur und Tanz und Malerei wieder aufzubessern. Das waren ja die Kulturbeziehungen bislang: Vehikel für vertrauensbildende Maßnahmen nach der Hitlerzeit. Hiervon wollte ich weg – hin zu einem »freudigen Geben und Nehmen«, wie Heuss das genannt hat.

Hans-Dietrich Genscher: Die Staatsministerin (1991)

»Hildegard Hamm-Brüchers Tätigkeit im Auswärtigen Amt hat Vertrauenswirkungen gehabt, deren Bedeutung wir erst heute ganz überblicken können. Sie hat die außenpolitische Dimension einer modernen, auf Austausch beruhenden Auswärtigen Kulturpolitik wenn nicht als erste erkannt, so doch als erste konsequent in die Tat umgesetzt. Dabei konnte sie sich auf die Vorarbeiten ihrer Vorgänger, insbesondere auf [...] Ralf Dahrendorf stützen. Dessen erste These lautete: ›Die Auswärtige Kulturpolitik ist ein tragender Pfeiler unserer Außenpolitik. Sie folgt jedoch ihren eigenen Gesetzen – insofern nämlich, als sie unabhängig von tagespolitischen Erfordernissen ist und langfristige Ziele im Auge hat.‹ Hildegard Hamm-Brücher hat diesen Satz oft zitiert und ihn zur Leitschnur ihres Handelns gemacht. So hielt sie die Auswärtige Kulturpolitik von den Tagesereignissen fern, nicht um sich ihr eigenes kleines Herzogtum zu schaffen, sondern weil sie erkannte, daß der Kulturaustausch nur so den höchsten außenpolitischen Zielen unseres Landes wahrhaft dienen konnte.«
(Quelle: Carola Wedel (Hrsg.): *Hildegard Hamm-Brücher – eine Präsidentin für alle*. München 1994)

Konzept der Kulturpolitik umkrempeln

Also eine Kulturarbeit, die immer den Partner mit einbezieht, die immer auf Zusammenarbeit angelegt ist und eben nicht auf Export, die immer von Achtung und Gleichberechtigung der Partnerländer ausgeht und die Gleichwertigkeit der Kulturen als Grundlinie aller Zusammenarbeit begreift. Das hatte natürlich ungeheure Auswirkungen, bis in unsere letzte Auslandsschule hinein, die so ein Instrument war, wo ein paar Kinder aus gehobenen Schichten in den Gastländern eben deutsch lernen konnten. So eine Schule muß aber auch Begegnung ermöglichen, sie muß ermöglichen, daß eben auch die Sprache des Gastlandes gelernt wird von unseren deutschen Kindern – in diesem Bereich sind Veränderungen ganz schwer, und sie sind bis heute nicht voll gelungen. Wir haben leider immer noch Schulen, wo die Lehrer des Gastlandes ihre eigenen Lehrerzimmer haben, wo die Trennung nicht überwunden ist, wo immer noch die Überheblichkeit der »Gäste« herrscht. Das ist noch nicht ganz gelungen, aber wir sind ein gutes Stück weitergekommen.

Auslandsschulen und Goethe-Institute

In den Goethe-Instituten habe ich meinen besten Rückhalt gehabt, da hatten wir ja Pioniere bei unseren Goethe-Leuten im Ausland, was Sprach- und Kulturangebot angeht – die haben das phantastisch begriffen. Ob es das Ausstellungswesen betraf, unser Buchübersetzungsprogramm, die Gastspiele der ausländischen Theater – kurz und gut, dieser totale Umbruch vom Export der Kultur zur partnerschaftlichen Zusammenarbeit ist in dieser Zeit sicherlich das Wichtigste gewesen. Hans-Dietrich Genscher war sehr glücklich darüber, weil ihm natürlich auf seinen Reisen immer wieder berichtet wurde und er angesprochen wurde: Da haben Sie doch jetzt eine vorzügliche Staatsministerin und so weiter...

Unabhängigkeit von Kulturbeziehungen

Das ist ja das Entscheidende der Auswärtigen Kulturarbeit: Sie soll nicht ein Anhängsel der Außenpolitik sein, sondern sie soll, wie ich das genannt habe, die dritte Dimension der internationalen Zusammenarbeit sein: Die eine ist Diplomatie, die andere ist Wirtschaft, und die dritte ist Kultur. Die kulturelle Zusammenarbeit war zum Beispiel in der Zeit, als in Griechenland, in Portugal, in Spanien, in Chile, in Argentinien Diktaturen waren, ein kleines Boot für Dissidenten, für Gegner der Diktaturen. Wir haben den Faden nie abreißen lassen, auch in der Hilfe und Unterstützung von Menschen, die in ihren Ländern wegen ihrer politischen Ansichten verfolgt wurden. Diese Unabhängigkeit der Kulturbeziehungen von politischen Schwankungen, das ist etwas, was ich allen Nachfolgern gerne nochmals auf den Weg geben möchte.

Deutsch-deutsche Kulturnation

Andererseits wurde in der Zeit häufig davon gesprochen, daß es eine deutsche Kulturnation zu vertreten gelte – das war so eine dieser Formeln, die wir vertreten haben, die ich natürlich oft mit einem dicken Fragezeichen versehen mußte. Aber es hat immerhin dazu geführt, daß wir in jeder Bibliothek unserer Goethe-Institute die ganze wichtige DDR-Literatur hatten. Und daß wir versucht haben, mit den wenigen

Herder-Instituten, den Kulturinstituten der DDR, irgendwie zusammenzuarbeiten, wenn das personell zu machen war, oder sich zumindest in Drittländern nicht gegenseitig zu bekämpfen. Das halte ich für sehr wichtig in Städten wie Paris zum Beispiel. So gesehen gab es ja

Nachhall des neuen Kulturpolitik-Konzepts

Ignaz Bubis: »Die Goethe-Institute dürfen kein geschöntes Bild von Deutschland zeigen. [...] Ein vielleicht zu wenig bekannter Ort der produktiven, dem Dialog und der Verständigung verpflichteten Auseinandersetzung mit der deutschen Geschichte ist die auswärtige Kulturpolitik. Das Goethe-Institut mit seinem Netz von Außenposten rund um den Erdball hat seit langer Zeit an einer konstruktiven internationalen Debatte über die deutsche Geschichte mitgewirkt.[...] Ihre Arbeit ergibt sich logisch aus zwei Prinzipien, denen sie spätestens seit dem grundlegenden Rahmenvertrag mit dem Auswärtigen Amt von 1976 folgen. Prinzip Nummer eins ist die Unabhängigkeit gegenüber politischen Vorgaben. [...] Die zweite Leitlinie ist das Prinzip der Partnerschaftlichkeit, also der schlichte Grundsatz, daß die Themen und Arbeitsformen, die ein Goethe-Institut an Ort und Stelle wählt, nicht vorgegeben, sondern mit den Vertretern der Gastländer erarbeitet werden. [...] Kulturinstitute im Ausland müssen mehr repräsentieren als nur die Glanzlichter des kulturellen Erbes. Sie müssen sich, auch wenn es bisweilen nicht leichtfällt, den Widersprüchen der Tradition stellen.«
(Quelle: *Süddeutsche Zeitung*, 26. 2. 1999)

auch so etwas wie eine kulturelle Brücke von West nach Ost über all die Jahrzehnte, die ja auch gehalten hat. Um so schlimmer finde ich es, wenn man heute Schriftstellerinnen wie Christa Wolf befehdet und ins Abseits stellen will. Wir alle haben doch, auch ich, Christa Wolf mit großem Interesse und auch oft mit großer Zustimmung gelesen, und wie auch immer ihre politische Einstellung war – sie ist eine deutsche Schriftstellerin, eine Schriftstellerin, die man nach wie vor vorzeigen kann und vorzeigen soll.

Mich mit Kunst und Kultur zu beschäftigen, das war mein Gesundbrunnen auf all den Dienstreisen, die für mich immer mehr waren als ein Pflichtprogramm. Manchmal hat Herr Genscher mich gefragt: »Ja, hören Sie mal, müssen Sie da eine ganze Woche oder zwei Wochen hinreisen?« Und meine Antwort war dann: »Ja, wenn ich schon reise, dann möchte ich mehr sehen als den Flugplatz und das Außenministerium und mein Hotel, sonst kann ich keine Kulturarbeit machen.« Das gehört einfach dazu, die Wochenenden dazu zu nutzen, mir Kultureinrichtungen und all diese Dinge anzuschauen und mit den Menschen zusammenzukommen, die damit zu tun haben.

Mehr als nur »Dienstreisen«

Das war einfach ganz unerläßlich und mehr Dienst als alles andere, in Anführungsstrichen. Ich kam von jeder Reise, und wenn sie noch so anstrengend war, immer irgendwie frisch und munter zurück, und alle haben gestaunt. Wenn ich mich zweimal ausgeschlafen hatte, dann war ich für die Tagesarbeit wieder auf den Beinen. Bei den Unmengen von Eindrücken, die ich gehabt habe, gibt es, fernab von dieser Glitzerwelt der Hohen Diplomatie, unvergeßliche Erinnerungen, die gesellschaftlichen und sozialen Zustände in den Ländern der Dritten Welt betreffend, was mich ja vorrangig interessiert hat. Ob das eine ganz kleine, bescheidene Klinik für Augenkrankheiten in Pakistan war, ob das Frauenhilfsprojekte in Afrika gewesen sind oder Kinderdörfer, die es ja mittlerweile auch in Entwicklungsländern gibt und die wirklich einen Segen stiften für diese Scharen obdachloser Kinder – es waren unvergeßliche und auch prägende Eindrücke.

Begegnungen mit Anwar el Sadat, Léopold Senghor, Indira Gandhi, Golda Meir

Zum Beispiel die Begegnung in Ägypten mit Sadat, der ja unter den arabischen Staaten den ersten Schritt zur Aussöhnung mit Israel getan hat. Er hat sich für die kulturellen Dinge sehr interessiert, und wir haben damals viele Projekte zur Zusammenarbeit entwickelt. Auch Léopold Senghor, der Dichter – er erhielt 1968 den Friedenspreis des Deutschen Buchhandels – und Staatspräsident der Republik Senegal, war einer der Afrikaner, die mich sehr beeindruckt hatten. Er stand beispielhaft für die Vision, was eine Weltkultur vielleicht einmal sein könnte in ihrer ganzen Unterschiedlichkeit und gegenseitigen Befruchtung. Dann habe ich natürlich Indira Gandhi getroffen, die mir in ihrer Härte, aber auch in ihrer unheimlichen Tapferkeit imponiert hat, wenn ich ihr auch persönlich nicht nähergekommen bin. Golda Meir kannte ich aus zwei, drei Begegnungen und habe dann bei ihrer Beerdigung 1978 in Jerusalem die Bundesrepublik vertreten. Andere Frauen auf dem internationalen Terrain waren ja schnell wieder weg. Aber jedenfalls sind es Menschen gewesen, über die ich mich freue, daß ich sie noch kennengelernt habe.

Von amerikanischen, französischen und so weiter Präsidenten will ich gar nicht reden – da wird die Luft dann so dünn, da bleibt nicht so viel, womit man etwas anfangen kann – außer ein bißchen damit zu renommieren ...

Als Frau im Behördenapparat

Auf internationalem Parkett, aber auch im Auswärtigen Amt, hatte ich natürlich vorwiegend mit Männern zu tun, die ich ja irgendwie an die Kandare nehmen mußte, einige hundert Beamte immerhin – was mir auch gelungen ist, indem ich sie eben nicht an die Kandare genommen habe... In Bonn war ich ja auch nicht in dem Sinne Vorgesetzte, weil ein parlamentarischer Staatsminister keine Verwaltungsbefugnisse hat, das haben die beamteten Staatssekretäre. In dieser Funktion war ich ja in Wiesbaden und dann 1969 in Bonn: meine Lehr- und Gesellenzeit, was Verwaltungsvorgänge, Entscheidungsprozesse und so weiter angeht. Als ich 1967 in Wiesbaden anfing, hatte ich ja keine Ahnung von all diesen Dingen. Im Hessischen Kultusministerium war ich Vorgesetzte von – mit allen Lehrern und Hochschullehrern zusammen – wohl annähernd fünfzigtausend Leuten. Im Bonner Bildungs- und Wissenschaftsministerium waren es etwa hundertzwanzig, und die ganze Hierarchie und Struktur unserer Behördenapparate stand unter meiner Leitung. Am Anfang war das wahnsinnig schwer!

Gegen die Hierarchien

In der hessischen Landesregierung war ich sehr freundschaftlich eingebunden, und dort habe ich durchgesetzt, daß auch in hierarchischen Strukturen eine Zusammenarbeit stattfindet. Ich habe zum Beispiel darauf bestanden, daß auf jeder Vorlage stand, wer sie wirklich erarbeitet und geschrieben hat, und eben nicht nur der xy-Unterabteilungsleiter, der am Schluß seinen Namen drunter schreibt. Ich wollte die jungen Beamten und Mitarbeiter kennenlernen, die irgendwelche Papiere geschrieben haben. Ich hab sie zu Besprechungen zugezogen und damit die ganze Hierarchie durcheinandergebracht. Das hat die höheren, manchmal auch verkalkten Chargen oft sehr verunsichert, wenn die jungen Leute einfach mehr wußten, wenn sie im Gespräch wirklich – und mit der Zeit wußten sie ja, ich meine das ganz ernst – ihren Beitrag geleistet haben.

Das war wohl ganz spezifisch Frau, daß ich nicht akzeptiert habe, daß ich nur mit dem Abteilungsleiter oder dem Referenten reden soll. Ich wollte mit jedem, der im Team irgend etwas beigesteuert hat, zu tun haben. Und das war revolutionär.

Und als ich dann wirklich ganz gut verstanden habe, was Verwaltung ist und wie man darin agieren kann, kam ich ins Auswärtige Amt – ohne Verwaltungszuständigkeit. Mir ist dann erst einmal aufgefallen, wie schlecht das Auswärtige Amt verwaltungsmäßig geführt wird, und habe es immerhin verstanden, mir da einigen Respekt zu erwerben. Indem ich es nämlich in den Bereichen, in denen Genscher mir die Zuständigkeit gegeben hat, genauso gemacht habe: Alle, die an einer Aufgabe vorbereitend tätig waren, zusammenzuholen, alle mitreden zu lassen – Brainstorming nennt man das ja heute. Das hat dazu geführt, daß ich sogar noch später, als ich gar nicht mehr Staatsministerin war, zum Beispiel in die Ausbildungslehrgänge für junge Attachés, für den diplomatischen Nachwuchs, eingeladen wurde, um mit ihnen über meine Vorstellung von Verwaltung und von Zusammenarbeit zu diskutieren. Das ist dann doch ganz nett, nicht wahr?

Anfangs hieß es im Auswärtigen Amt: Gott, auf was für eine Spielwiese schicken wir denn die Frau Hamm-Brücher, da war ja noch nie eine Frau. Es war ja tatsächlich schon sensationell, wenn eine Frau irgendwann einen niederen Botschafterposten ergattert hatte. Also: Die schikken wir auf eine Spielwiese, haben sie zunächst gedacht. Und ich habe mir gedacht: Wenn ihr auch noch einen Sandkasten auf der Spielwiese habt, dann könnt ihr euch dort selber betätigen – da gehe ich jedenfalls nicht hin ... Man muß ja immer eine tüchtige Portion Selbstironie und Humor haben und darf überhaupt nie beleidigt sein, sonst ist das ganz schnell ein recht saures Geschäft.

Revolutionäre Neuerungen

Abgesehen von den formalen, verwaltungstechnischen Dingen, fällt mir zweierlei ein, die ich, vielleicht auch spezifisch Frau, inhaltlich anders haben wollte: Ich habe versucht, dieses ganze Beurteilungssystem der Beamten zu vermenschlichen. Es gibt da diese langen Bögen, die die Vorgesetzten nach einem Notensystem von 1 bis 10 ausfüllen und jeweils ihr Kreuzchen irgendwo hinmalen. Hier habe ich eingeführt, eingehendere Beschreibungen zu geben, ein bißchen genauer hinzusehen und sich zu überlegen, was man auch zur Ermutigung schreiben kann. Denn der junge oder ältere Beamte kann ja seine Personalakte einsehen, was ihm weiterhilft. Das hab ich ganz eisern durchgehalten, und meine Mitarbeiter freuen sich heute noch, wenn sie nachlesen, was ich ihnen aus der Zeit, als sie meine persönlichen Referenten waren oder mein Ministerbüro geleitet haben, aufgeschrieben habe.

Und das zweite, was ich radikal geändert habe, betrifft den Stellenausschreibungsmodus. Es werden ja viele Positionen ausgeschrieben: Schulleiter und Schulräte und Schulaufsichtsbeamte und Institutsleiter und so weiter, und dann bewerben sich Leute. Ich habe jetzt jede Ausschreibung zurückgeschickt, wenn nicht auch eine Frau unter den Bewerbern war. Es hieß zwar immer, die Frauen könnten sich ja bewerben – aber ich habe gesagt: »Dann denkt euch was aus, daß sich Frauen bewerben. Ihr schreckt sie ja eher ab, als daß ihr sie ermutigt, und seid dann ganz froh, wenn ihr unter Männern entscheiden könnt.« Man kann sich vorstellen, damals war das natürlich revolutionär. Auch, daß Frauen sich das wirklich zugetraut haben. Es war ja nicht nur so, daß Männer dies verhindert haben. Frauen, ich selbst eingeschlossen, haben sich ja vieles gar nicht zugetraut – bis wir dann überhaupt mal die Erfahrung gemacht haben, daß wir es mindestens ebenso gut können.

In dieser Beziehung habe ich ja auch eine gewisse Entwicklung durchgemacht, habe sie durchmachen müssen. Ich bin ja von Haus aus sehr konventionell erzogen und geprägt, und nur durch diese Lebenseinbrüche zu solchen Schüben der eigenen Emanzipation gekommen. In den ersten zehn Jahren im Landtag oder im Stadtrat habe ich mir immer eigentlich gesagt, na, die Männer machen das ja doch besser, beziehungsweise habe gar nicht in Frage gestellt, daß sie das Sagen haben in der Politik. Und dann, nach dem Wahlkampf 1962 mit diesem Bürgerkommitee zu meiner Wiederwahl, als ich die Männer so beschämt habe und so viel besser war als sie, dann habe ich gewußt: Du kannst es mindestens so gut, vielleicht sogar wesentlich besser machen. Ich habe das nicht als Triumph empfunden, aber seither habe ich dann doch nicht mehr losgelassen.

Emanzipation funktioniert nicht über Quoten

Wenn ich heute das Selbstbewußtsein unserer Frauen sehe, dann freue ich mich einfach diebisch, weil sie mindestens die Hälfte an Emanzipationsprozessen, die ich in meinem Leben durchlaufen habe, schon mitbringen. Und sie haben auch viel mehr Chancen. Aber ich glaube auch, daß man keiner Frau die eigenen Erfahrungen ersparen kann, gerade auch als Frau die ganzen Härten unserer beruflichen und gesellschaftlichen Grundstrukturen irgendwie durchzuhalten und keine Extrawürste zu erwarten. Darum bin ich auch gegen Quoten. Ich glaube nicht, daß das am Ende wirklich hilft: die ganze individuelle Emanzipation bleibt keiner Frau erspart. Vorausgesetzt, sie hat überhaupt formal und rechtlich Zugang – die eigentlichen Schritte, sich zu behaupten und sich selber einzubringen kann jede Frau nur für sich leisten und muß sie auch leisten.

Ich hab immer so schöne Briefe gekriegt, da schreibt zum Beispiel eine Frau: »Liebe Frau Hamm-Brücher, ich möchte mich emanzipieren und habe meinen Mann verlassen, was soll ich jetzt tun?« Ich habe ihr zurückgeschrieben, sie solle zu ihrem Mann zurückgehen und sich erst mal überlegen, wie sie sich emanzipieren will. Und vielleicht mit ihm mal darüber reden. Schön, nicht? Aber solche »Fragen Sie Frau Hildegard«-Rubriken habe ich viele.

Im orthodoxen Sinne als Feministin würde ich mich nicht bezeichnen, obwohl ich sehr wohl verstehe, daß Frauen sagen, wir müssen erst unter uns versuchen, alles nachzuholen und einen Kampf führen. Aber ich kann mir einfach nicht vorstellen, daß das nicht irgendwann auch wieder in die Einsicht münden soll, es partnerschaftlich zu machen. Darum bin ich nicht die Feministin, die sagt, sie will eine eigene Buchhandlung und sie will eine eigene Kneipe. Ich will in der Buchhandlung auch Männer sehen und will auch in der Kneipe Männer sehen. Überhaupt finde ich, daß der liebe Gott eben zwei Ausgaben von Menschen geschaffen hat, und weder die eine noch die andere macht allein den kompletten Menschen aus oder die Menschlichkeit des Zusammenlebens. Insofern bin ich nicht feministisch, aber mit einem Auge schiele ich immerhin und gebe Beifall.

Wenn ich an mich als Mutter denke beziehungsweise an meine Tochter als Tochter einer emanzipierten Mutter, dann kann ich sagen, daß sie dank ihrer eigenen Kraft zur Selbständigkeit überhaupt nicht auf der Strecke geblieben ist. Sie sagt ganz einfach, und dies nicht nur einmal: Mami, ich möchte nicht so ein Leben führen wie du, in dem eigentlich so viel Privates ausgespart ist und du so wenig Zeit für dich selbst hast, du ständig auf Trab sein mußt, immer schon gefaßt auf das Nächste, was dann kommt. – Das hat übrigens auf beide Kinder ziemlich abstoßend gewirkt. Mein Sohn ist zwar politisch unheimlich interessiert, und es ist ganz fabelhaft, mit ihm über Politik zu reden, und immer ein Gewinn. Aber meine Tochter schaltet total ab, wenn das Thema Politik kommt. Sie hat etwas, was mir sehr imponiert, sie will nicht die Tochter der Mutter sein – im Sinne von: ist doch toll, so 'ne Mutter zu haben. Das find ich ganz richtig, daß sie das nicht will. Und sie trägt ja auch nur den Namen Hamm. Dadurch ist es auch schon ein bißchen weniger mit diesem Protegiertsein als Prominententochter. Das hat sie schon als Kind ganz furchtbar gefunden. Einmal, bei einer Kindereinladung, da kam so eine dieser speziellen Mütter auf sie zu und sagte: Ach, du armes Kind, wenn Deine Mutter immer weg ist, wer erzieht Dich denn dann? Da hat sie sich aus dieser Umarmung, aus dieser falschen, gelöst und hat gesagt: Bei uns zu Hause wird nicht erzogen.

Sie war entsetzlich empfindlich gegen alles, was sie als Sonderfall sozusagen herausheben sollte und hat es negativ erlebt. Ich glaube, sie hat sich auch nicht leicht damit getan, uns durch ihre persönlichen Entscheidungen dann auch mal ein bißchen Schmerz zuzufügen oder vor den Kopf zu stoßen. Überhaupt habe ich mich schwer von meinen Kindern abgenabelt. Ich habe mir immer vorgestellt, daß ich es, wenn ich jetzt nur so eine Hausmutti gewesen wäre, überhaupt nicht überstanden hätte. Denn ich habe diese Art, immer jedem in jeder Sache gleich einen Rat zu geben oder eine Meinung zu sagen – etwas, was Kinder überhaupt nicht vertragen können. Ich kann's nicht lassen, es ist schrecklich.

Man meint es ja nur gut, und das wollen sie ja nun genau nicht, das heißt, sie wollen natürlich, daß man es gut meint, aber man soll es ihnen nicht ständig vorzählen, was man alles gut meint.

Etwas in Gang bringen, Spuren hinterlassen

Man könnte meinen, ich habe mich immer um alles irgendwo kümmern müssen. Natürlich nicht um alles, aber es gibt diese gesellschaftspolitischen Bereiche, die ich bei aller Parteiarbeit immer mit im Auge hatte, immer haben werde. Das war zum Beispiel keineswegs parteiliche Pflichterfüllung, daß ich mich als FDP-lerin um kirchenpolitische Dinge gekümmert habe. Das war persönlich motiviert und hat mit meiner Herkunft zu tun. Kirche war schließlich meine Heimat.

Kirchenpolitische Arbeit

Nun ist ja meine Partei, die Liberalen, in einem Ausmaß kirchendistanziert, um es vorsichtig auszudrücken, und nicht sonderlich beheimatet in diesen Dingen, daß Leute wie ich dann doch seltsame Vögel sind. Der Partei war es herzlich egal, was ich da tat, die hat das streckenweise wahrscheinlich gar nicht gewußt. Für mich war es etwas Selbstverständliches: Ich hab hier in dem kleinen Kirchenvorstand meiner Wohngemeinde angefangen und von da aus dann immer mehr auch kirchenpolitische Dinge aufgegriffen und war eine Zeitlang in der Bayerischen Landessynode. Übrigens in der Zeit, in der wir das Theologinnengesetz durchgesetzt haben, nach einem Dutzend vergeblicher Anläufe.

Theologinnengesetz

Jetzt konnten also Frauen als Pfarrerinnen ordiniert werden, vollamtlich, das heißt mit

Abendmahl und Beichte und allem, was es eben so gibt. Das war natürlich sensationell. Und zunächst konnten sich viele Gemeinden, vor al-

Mitgliedschaften (Auswahl)

Gründung und Vorsitz der Theodor-Heuss-Stiftung (Preis- und Medaillenvergabe, Förderprogramm für Schüler und Schulen, Stipendienprogramm);
Gründungsmitglied des Thomas-Dehler-Instituts
Mitglied des Kuratoriums der Studienstiftung des Deutschen Volkes;
als erste Frau Senatsangehörige der Max-Planck-Gesellschaft;
Mitglied des Internationalen PEN-Clubs;
Mitglied des Präsidiums des Evangelischen Kirchentages, von 1985 – 1991;
Mitglied der 7. EKD-Synode

Ehrungen (Auswahl)

1980: Ehrendoktorwürde der Katholischen Universität Lima (Peru) für ihre Verdienste um die Förderung der kulturellen Zusammenarbeit mit den Entwicklungsländern;
Comenius-Preis für kulturelle und bildungspolitische Verdienste;
1984: Wilhelm-Leuschner-Staatsmedaille;
1991: Goldene Ehrenbürgermedaille und Ehrenbürgerin der Stadt München (als erste und bislang einzige Frau);
1992: Buber-Rosenzweig-Medaille für christlich-jüdische Zusammenarbeit;
1993: Bundesverdienstkreuz mit Stern und Schulterband.

lem auf dem Land, mit diesem Gedanken überhaupt nicht befreunden. Heute sind die Pfarrerinnen eigentlich schon bald die beliebteren. Sie haben sich fabelhaft durchgesetzt. Nur in den höheren Kirchenkreisen, da haben sie noch nicht so ganz den Zugang gefunden, aber das wird sicher auch kommen, daß wir den ersten weiblichen Bischof haben.

Kirchenpapier der FDP

Kirche, hier natürlich auch wieder ihre Bedeutung in Schule und Erziehung, sowie eine eigentlich zeitlose Wertevermittlung, das ist für mich etwas Unverzichtbares, auch wenn es ein bißchen altmodisch sein mag. In meiner eigenen Partei habe ich mal einen schweren Kampf gegen ein sogenanntes Kirchenpapier der FDP geführt: Sie wollte die Kirchen zu eingetragenen Vereinen machen und aus allen Klassenzimmern alle religiösen Symbole entfernen, dann die Kirchensteuer, worüber man übrigens reden kann, nicht vom Staat einziehen lassen, sondern die Kirchen das mal schön selber machen lassen bei ihren Gläubigen. Das sind Einzelpunkte, über die man durchaus diskutieren kann. Aber insgesamt hatte dieses Kirchenpapier einen so glaubensfernen, kirchenfeindlichen Duktus, daß ich wild dagegen zu Felde gezogen bin.

Christlich-jüdische Zusammenarbeit

Sehr wichtig ist die christlich-jüdische Zusammenarbeit, weil die Christen im Alten Testament und in der Weisheit der Juden ja auch ihre Glaubenswurzeln haben. Die sind völlig verschoben worden; wir meinen, das Christentum fängt mit Jesus Christus an, das stimmt natürlich. Aber Christus war ein Jude, ein frommer Jude, der seinen Glauben erneuern wollte. Der hat ja nicht daran gedacht, eine neue Kirche zu gründen. Darum müssen Christen sich viel mehr als bisher mit dem Alten Testament und seinen Glaubensgrundlagen beschäftigen. Das habe ich mir selbst übrigens auch erst in der eingehenden Beschäftigung und zu meinem großen Erstaunen klargemacht. Meine wichtigsten Gesprächspartner waren natürlich viele kluge Juden, die sich dieser christlich-jüdischen Arbeit gestellt haben. Auf evangelischer Seite waren es vor allem Menschen wie Helmut Gollwitzer und jemand wie Heinrich Albertz, die eigentlich den gleichen Weg gegangen sind und hier unglaublich viel geleistet haben. Auf jüdischer Seite denke ich immer an Schalom Ben Chorin, übrigens ein gebürtiger Münchner, der so kleine Bücher geschrieben hat wie *Bruder Jesus*, in denen er sich mit der jüdischen Seite unseres Religionsstifters beschäftigt. Solche Begegnungen sind ja eine Fundgrube für neue Erkenntnisse, die vielleicht endlich diesen schrecklichen antisemitischen Grundtenor in unseren Kirchen überwinden helfen – in beiden übrigens. Wobei die katholische Kirche noch nicht soweit ist wie die evangelische, da haben die Protestanten energischer aus ihrer Geschichte gelernt, aus den Fehlentwicklungen und Fehlhaltungen ihrer Geschichte.

Versäumnis Entnazifizierung

Die Entnazifizierung ist deshalb ein Fehlschlag gewesen, weil die Amerikaner das zunächst als bürokratisches Verfahren begonnen haben. Ich habe ja erzählt, daß ich, als ich in der

Neuen Zeitung anfangen wollte, einen wahnwitzig langen Fragebogen ausfüllen mußte, mit dem man dann wohl festgestellt hat, daß ich kein Nazi gewesen sein konnte. Aber der Fragebogen konnte bei vielen Leuten relativ gut aussehen, selbst wenn es fürchterliche Nazis waren. Das war genauso zum Scheitern verurteilt wie ein heutiger Versuch es wäre, per Fragebogen mit SED, Stasi-Vergangenheit und ähnlichem fertig zu werden. Das ist der Grund, warum ich jetzt wieder so viel davon rede, weil ich glaube, es ist das gleiche Prinzip, auch wenn die Dimensionen ganz andere sind: die Frage, wie man aufarbeitet, wie man darauf hinarbeitet, daß nach einem Klärungsprozeß dann auch ein Schlußstrich gezogen werden kann. Dieser Prozeß muß in Gang kommen, und der ist nach '45 eben nicht in Gang gekommen. Er ist nach der Gründung der Bundesrepublik sogar unterdrückt worden.

Als wir wieder ein souveräner Staat waren, hätte diese Diskussion so geführt werden müssen, wie wir sie dann in den siebziger, achtziger Jahren überhaupt erst begonnen haben. Jetzt waren die Jungen da, die sich das einfach nicht länger haben zumuten lassen, von ihren Eltern nicht zu erfahren: Wie war's und was hast Du gemacht. Diese Auseinandersetzung war doch sehr, sehr wichtig, und ich glaube, auch sehr ergiebig. Ein Buch wie das von Alexander und Margarete Mitscherlich über die *Unfähigkeit zu trauern*, das hat uns ja die Schuppen von den Augen fallen lassen. Ich habe mich selber immer gewundert und mir instinktiv gesagt, daß es doch nicht sein kann, daß auf einmal ein wirklich schlimmer Nazi Kultusminister in Bayern wird, ein schlimmer Nazi Bundesminister; ein Herr Globke, der den Kommentar zu den Nürnberger Gesetzen geschrieben hat, zu diesem schrecklichsten Dokument des deutschen Unrechtsstaats und des Vernichtungswillens, der kann doch nicht bei Adenauer der wichtigste Mann im Bundeskanzleramt sein ... Das hat mich fast in die Verzweiflung getrieben. Diese Auseinandersetzung, auch weitergetrieben durch den amerikanischen Kitschfilm *Holocaust*, aber eben auch durch Dokumente oder durch Bücher wie das der Mitscherlichs, die haben dann weitergeholfen. Die Unrechtsgeschichten in der damaligen DDR können wir jetzt nicht auch wieder erst dreißig Jahre schlummern lassen, und dann loslegen, wenn die eigentlichen Hauptbeteiligten schon am Aussterben sind.

Meine Vision für ein vereintes Deutschland wäre, daß man einen offenen Disput über die Zukunft unserer Verfassung, nicht nur der geschriebenen – das ist ja nur das Papier –, sondern unserer gelebten Verfassung führen: Was wir aus unseren schönen Texten in unserer Verfassungswirklichkeit eigentlich machen. Da haben die Parteien versagt, da haben die Parlamente versagt, da haben viele Institutionen versagt. Da könnte man sich schon einen Ruck zur Selbstkorrektur geben, muß man sogar.

Es geht mir hier nicht nur um eine Wertediskussion, die ja vor allem auch wieder die Männer

Hildgard Hamm-Brücher, 1993.

betreiben und schon ganz begeistert sind, wenn sie schöne Werte formulieren. Und darüber philosophieren, wie viele Werte braucht denn nun die freiheitliche und kapitalistische Gesellschaft, und welche sollen es denn sein? Darüber wird nur leider vergessen, daß die kleinen Werte und kleinen Tugenden erst einmal wiederentdeckt werden und eine Rolle spielen sollen in unserer Gesellschaft. Insofern interessiert mich nicht so sehr die Diskussion um Werte als die Realisierung, die Praktizierung von Werten, die das Zusammenleben erst menschlich machen.

Diese Werte finden sich in den Prinzipien von Salem, meiner Schule, die wohl einen der prägendsten Einflüsse auf meine Entwicklung hatte. So wie Schule überhaupt für jeden das entscheidend Prägende ist. Deshalb engagiere ich mich weiter und wirke auch heute noch ein bißchen in Salem mit. Diese Prinzipien einer demokratischen Erziehung zur Verantwortung, wie es heißt, hat Kurt Hahn, ein deutscher Jude, zusammen mit Prinz Max von Baden, der ja der letzte Reichskanzler des Kaiserreichs war, entwickelt. Ich finde sie ganz, ganz ausgezeichnet. Die ganzen strengen Richtlinien gelten ja nicht mehr und sind pädagogisch auch nicht mehr zeitgemäß, aber die Mitverantwortung, die Selbstverantwortung, die wirkliche Bewährung bei Aufgaben in der Schule und außerhalb der Schule, das ist Element von Salem geblieben.

Modell Salem: Demokratische Erziehung zur Verantwortung

Die Heuss-Stiftung vergibt seit 1986 jährlich Stipendien – im Rahmen des eigens geschaffenen Stipendien-Programms – an Mädchen und Jungen, überwiegend auch jetzt noch aus den neuen Bundesländern, deren Eltern Salem nie bezahlen könnten. Ich mache jedes Jahr ein Auswahlverfahren mit, und dann schreiben fünfzehn-, sechzehnjährige junge Menschen in einem Briefchen, weshalb sie gerne nach Salem kommen wollen. Dann werden sie eingeladen für drei Tage in ein Jugendheim in einer herrlichen Landschaft am Bodensee, machen Gruppenspiele und unterhalten sich und bekommen kleine Aufgaben und so weiter. Und dann wird überlegt, wer geeignet ist, wem in Salem weitergeholfen werden könnte. Ich sitze dann noch einen langen Nachmittag mit den Bewerberin-

Theodor-Heuss-Stipendium für Salem

nen und Bewerbern zusammen, und wir unterhalten uns ein bißchen über das Gemeinwesen und Politik. Ich gucke bei meinen Heuss-Stipendiaten danach, was die Pädagogen sagen und nach meinem Allgemeineindruck: Sind sie schon imstande, sich auch mal einzusetzen und ihre eigenen kleinen Eigensüchteleien zurückzustellen, um für die Allgemeinheit etwas zu tun? Ich würde dieses Programm so gerne ausbauen, aber andererseits glaube ich, daß der Charme auch darin liegt, daß ich sie alle kenne, daß ich sie zweimal im Jahr besuche, daß sie mir ihr Herz ausschütten, wenn's nicht so gut geht. Für Salem selbst ist es ein Gewinn, nämlich nicht nur Kinder aus ganz wohlhabenden Familien zu haben und oft auch Kinder, die leider da abgeliefert werden, sondern Kinder, die der Idee einer Erziehung zur Verantwortung nicht nur in der Theorie, sondern in der Praxis gewachsen sind.

Spuren hinterlassen

Solche Dinge bewegen zu können, damit setzt man die Praktizierung von Werten, von der ich gesprochen habe, Schritt für Schritt in Gang. Das ist eine wunderbare Sache, die mich auch bestärkt, weiter an diese »gelebte Verfassung« zu glauben.

Es gab ja mal eine Zeit, die achtziger Jahre waren das, da hatte ich zunehmend den Eindruck, daß mir alle Illusionen über die Integrität und den Anstand im Kampf um Macht, Einfluß und Mehrheiten verloren gehen. Das war aber nicht das, was mich schließlich dazu bewogen hat, mein Mandat niederzulegen und aufzuhören. Da ging es vielmehr darum, den richtigen Zeitpunkt zu erwischen. Und zwar den Zeitpunkt selber zu bestimmen – das hat mir Gustav Heinemann eines Tages so nett erzählt, als ich ihn bewegen wollte, ein zweites Mal als Bundespräsident zu kandidieren. Wir saßen auf der schönen Terrasse der Villa Hammerschmidt, und dann hat der Gustav Heinemann in seiner netten, witzigen Art gesagt: »Also, Frau Brücher, das ist so: das erste Stadium des Altwerdens, das merkt man selber und kann es gut unter Kontrolle halten. Dann kommt das zweite Stadium des Altwerdens, da beginnt die Umgebung es zu merken, gelegentlich. Und wenn die Umgebung nett ist, dann kann man es auch noch gut unter Kontrolle halten. Aber dann kommt das dritte Stadium des Altwerdens. Dann merken es nur noch die andern, und dann ist es zu spät.«

Ich denke schon, daß daran sehr viel Wahres ist, gerade in öffentlichen Ämtern soll man selber spüren, jetzt ist der richtige Zeitpunkt. Bei mir kam dieser Frust auf, das Gefühl: den Vierzehn-, Sechzehn-Stunden-Tag schaffst du nicht mehr, quäl dich nicht mehr so rum, sondern sag, das war's, und jetzt kommt, solange das geht, eben ein Lebensabschnitt, der vierte, den du nun mal selber bestimmen kannst. Dieser Entschluß damals, das war noch vor der ganzen wundersamen Öffnung der Mauer und der Vereinigung, hat großes Aufsehen erregt, und ich bin auch sehr bestürmt worden, es nicht zu tun. Selbst Leute, die sonst gar nicht so begeistert sind von meinem Tun und Lassen, haben gesagt: Das ist wirklich schade, das wird ein Verlust sein – das hat mich dann doch auch ein bißchen gefreut. Der Abschied war dann eigentlich fröhlich, und auch meine letzte Rede im Deutschen Bundestag mit dem Hesse-Gedicht *Stufen*. Diese Mischung aus Spaß und ein bißchen Ernst und Nachdenklichkeit hat mir es doch leicht gemacht. Und die Beziehungen, die jetzt so weitergehen, zeigen ja auch, daß man, selbst wenn man nicht mehr Bundestagsabgeordnete ist, deshalb noch nicht in der Versenkung verschwunden ist.

Und die Krönung eines langen politischen Lebens? So wie ich ja hätte weitermachen können und auch jetzt noch im Bundestag sitzen könnte, so hätte ich ja auch früher weiter nach oben klettern können, weiter, bis man sagen kann, jetzt war ich also auch Minister. Aber ich weiß nicht so recht: Von dieser Art Krönung bin ich gar nicht so überzeugt, nachdem ich so viele Minister habe kommen und gehen sehen. Ob man nun ein paar Jahre mit der Standarte auf dem Kühler herumgefahren ist oder nicht – ich bin der Meinung, ein politisches Leben hat dann seinen Sinn gehabt, wenn man irgendwo ein paar Spuren hinterlassen hat.

Bildnachweis

Seite 15: Ullstein Bilderdienst
Seite 19: Privatfoto
Seite 26: Privatfoto
Seite 34: Privatfoto
Seite 40: Ullstein Bilderdienst – dpa
Seite 55: Privatfoto – Paul Sessner
Seite 63: Ullstein Bilderdienst – AP
Seite 68: Ullstein Bilderdienst – Jan Köhler-Kaeß
Seite 84: Ullstein Bilderdienst – Lothar Kucharz
Seite 93: Presse- und Informationsamt der Bundesregierung
Seite 97: Privatfoto
Seite 99: Privatfoto
Seite 109: Ullstein Bilderdienst – Jan Köhler-Kaeß
Seite 133: Ullstein Bilderdienst – Vario-Press

Personenregister

Bühnengröße

1939 ist die große Schauspielerin Ida Ehre (1900 - 1989) auf dem Weg nach Chile. Doch ihr Schiff wird zurückbeordert, und Ida Ehre landet im Frauenlager Fuhlsbüttel. Im Dezember 1945 zeigen die von ihr in Hamburg gegründeten Kammerspiele wieder eine Premiere. 1947 schreibt Ehres Uraufführung von Borcherts *Draußen vor der Tür* Theatergeschichte. Für die dienstälteste Theaterdirektorin verfaßte Walter Jens zwei Stücke. Die erste weibliche Ehrenbürgerin von Hamburg trug wesentlich zum kulturellen Wiedererwachen der Stadt bei.

Ida Ehre
Im Gespräch mit
Sepp Schelz
96 S., 10 s/w-Abb.
Ullstein TB 33252

Ullstein Taschenbuch